Andreas Goldberg, Faruk Şen (Hrsg.)

Deutsche Türken – Türkische Deutsche?

Andreas Goldberg, Faruk Şen (Hrsg.)

Deutsche Türken – Türkische Deutsche?

Die Diskussion
um die doppelte Staatsbürgerschaft

mit Beiträgen von

Emine Demirbüken, Erwin Huber, Tayfun Keltek,
Hakkı Keskin, Richard Kiessler, Leo Monz,
Dieter Oberndörfer, Vural Öger, Cem Özdemir,
Günter Renner, Helmut Rittstieg, Jürgen Rüttgers,
Theo Sommer, Cornelie Sonntag-Wolgast, Bassam Tibi,
Guido Westerwelle und Wolfgang Zeitlmann

LIT

Die Deutsche Bibliothek – CIP-Einheitsaufnahme

Deutsche Türken – Türkische Deutsche? : Die Diskussion um die doppelte Staatsbürgerschaft ; mit Beiträgen von ... / Andreas Goldberg, Faruk Şen (Hrsg.). – Münster : LIT, 1999
    ISBN 3-8258-4396-3

NE: GT

© LIT VERLAG Münster – Hamburg – London
    Grevener Str. 179   48159 Münster   Tel. 0251–23 50 91

Inhalt

Vorwort — 1

EMINE DEMIRBÜKEN
1. Zuviel Doppelmoral verdirbt die Doppelpaßdiskussion — 7

ERWIN HUBER
2. Die Diskussion um die doppelte Staatsangehörigkeit aus der Sicht der Bayerischen Staatsregierung — 11

TAYFUN KELTEK
3. Anmerkungen zur Migrationspolitik der Bundesregierung Novellierung des Staatsangehörigkeitsrechts — 19

HAKKI KESKIN
4. Der Kampf für Bürgerrechte muß fortgesetzt werden — 29

RICHARD KIESSLER
5. Reform ohne Doppelpass — 39

LEO MONZ
6. Reform des Staatsangehörigkeitsrechts. Chancen für eine gleichberechtigte Zukunft aller Kinder verbessert — 43

DIETER OBERNDÖRFER
7. Multikulturalismus und kultureller Pluralismus werden durch das Grundgesetz der Bundesrepublik Deutschland geschützt — 51

VURAL ÖGER
8. Echte und falsche Inländer — 61

CEM ÖZDEMIR
9. Deutschland braucht Veränderungen — 69

GÜNTER RENNER
10. Mehrstaatigkeit in Deutschland – ein dauerndes Übel? — 77

HELMUT RITTSTIEG
11. Mißverständnisse, politische Versäumnisse, Konflikte und Gelingen. Zur Entwicklung und gegenwärtiger Lage der türkischen Einwanderung — 97

JÜRGEN RÜTTGERS
12. Integration und Toleranz. Das Integrationskonzept der Union   107

THEO SOMMER
13. Bekenntnis zur multiethnischen Gesellschaft von Morgen   115

CORNELIE SONNTAG-WOLGAST
14. Plädoyer für eine neue Gesellschaft   119

BASSAM TIBI
15. Migranten als Mitbürger, nicht als Ersatzproletariat der deutschen Linken   125

GUIDO WESTERWELLE
16. Die Rot-Grüne Koalition hat das Optionsmodell der F.D.P. übernommen   133

WOLFGANG ZEITLMANN
17. Doppelte Staatsbürgerschaft – Ein ideologischer Schnellschuß   141

18. Anhang:
Gesetz zur Reform des Staatsangehörigkeitsrechts   153

Vorwort

Nach dem Willen der Mehrheit der Bürgerinnen und Bürger fand im Herbst 1998 in Deutschland ein Regierungswechsel statt. Als „erstes Reformwerk der Ära Schröder mit gesellschaftspolitischer Innovationskraft" (Cornelie Sonntag-Wolgast) sollte die Novellierung des Staatsbürgerschaftsgesetzes eine Modernisierung der deutschen Gesellschaft initiieren.

Bevor dieses Projekt jedoch verwirklicht werden konnte, wurde die gerade errungene Machtbasis der rot-grünen Koalition durch den Sieg der CDU bei den Landtagswahlen in Hessen bereits erschüttert. Als eine wichtige Ursache hierfür wird nicht zuletzt die Unterschriftenkampagne der CDU gesehen, die die doppelte Staatsbürgerschaft zum Wahlkampfthema machte. Die SPD räumte ein, daß die Gesellschaft für eine grundlegende Neuorientierung im Verhältnis zwischen Einheimischen und Zuwanderern „offenbar nicht ausreichend vorbereitet" war, warf den Unions-Parteien andererseits „perfide Verhetzung" (Cornelie Sonntag-Wolgast) vor, die Tayfun Keltek an die Asylrechtsdebatte von 1992/93 erinnert: die Unterschriftenaktion sei wie jene ebenfalls rein emotional angelegt gewesen.

Die CDU-Aktion erreichte jedoch insofern ihr Ziel, als die Bundesregierung nun auf einen breiteren Konsens zur Durchsetzung ihrer Reform angewiesen war. Als Folge der hessischen Landtagswahlen mußte die Koalition nun deutliche Abstriche am ursprünglichen Konzept hinnehmen, indem sie das sog. „Optionsmodell" der FDP massiv berücksichtigte: In Deutschland geborene Kinder von Ausländern mit Daueraufenthaltsstatus sollen mit der Geburt in Deutschland die deutsche Staatsangehörigkeit nun nicht mehr – wie ursprünglich vorgesehen – dauerhaft erhalten. Vielmehr sollen sie sich zwischen dem 18. und dem 23. Lebensjahr für eine Staatsangehörigkeit entscheiden. In jedem Fall wird das Gesetz dort in seinem grundsätzlichen Charakter verändert, wo das Abstammungsprinzip (ius sanguinis), das der Staatsangehörigkeit bisher zugrunde lag, durch die verstärke Berücksichtigung des Territorialprinzips (ius soli) ergänzt wird.

Die durch das Reformvorhaben der Bundesregierung begonnene und durch die Unterschriftenkampagne der konservativen Opposition heftig entfachte sog. „Doppelpaß-Diskussion" um das neue Staatsangehörigkeitsrecht betrifft nicht nur „fundamentale Fragen der staatlichen Existenz" (Günter Renner), sondern auch rationale und emotionale Aspekte der Identität – sowohl der Migrantinnen und Migranten als auch der deutschen Mehrheitsbevölkerung.

Mit der Herausgabe des vorliegenden Sammelbandes beabsichtigen wir dieser zentralen gesellschaftlichen Diskussion ein Forum zur Verfügung zu stellen, in dem herausragende Teilnehmerinnen und Teilnehmer der Debatte in sachlicher und konzentrierter Form ihre verschiedenen Positionen darlegen.

Die Vielfalt dieses Bandes basiert dabei zum einen auf den naturgemäß unterschiedlichen, z.T. gegensätzlichen Standpunkten, die sich insbesondere aus den differenten politischen Einstellungen der Autorinnen und Autoren ergeben. Darüber hinaus entsteht die Vielfalt des Bandes jedoch auch durch die unterschiedlichen Perspektiven als Jurist, Politiker, Ausländerbeauftragte einer Behörde, Publizist, Journalist, Unternehmer, Gewerkschaftler, Leiter eines Forschungsinstituts oder als Hochschullehrer. Hinzu kommt, daß die ethnische und nationale Herkunft der Autorinnen und Autoren, ihre Identität wie ihr rechtlicher Status dabei ebenso komplex und vielfältig sind wie der Gegenstand ihrer Diskussion, die im folgenden wiedergegeben wird.

Gerade diese Ausrichtung des vorliegenden Bandes trägt zu einer pluralen, sachlichen und informierten, engagierten Auseinandersetzung bei, so daß einzelne Sachfragen geklärt werden können und der kompetenten politischen Willensbildung zugearbeitet wird.

Eine offene Diskussion ohne Tabuzonen fordern mit Bassam Tibi beinahe alle Autorinnen und Autoren und deuten somit auf die generelle Bereitschaft einer grundsätzlichen Neuregelung des Staatsangehörigkeitsrechts hin. Die Ent-Tabuisierung des Themas bedeutet jedoch keineswegs, daß die Fakten für alle gleich aussehen: „Realitätsferne" attestiert Emine Demirbüken ihren Kontrahenten, während Guido Westerwelle seinerseits von seinen politischen Gegnern die „Wahrnehmung der Wirklichkeit" einklagt. Daß die Kontroverse schon bei der Wahrnehmung der Fakten anfängt, macht auch der abweichende Sprachgebrauch deutlich. Ist Deutschland nur „weltoffen und gastfrei" (Wolfgang Zeitlmann) oder ist es schon längst ein Einwanderungsland (Zuwanderungsland?) (Bassam Tibi , Tayfun Keltek, Helmut Rittstieg). Geht es folglich um Gastarbeiter, Ausländer oder um Migranten? Geht es gar um ein „Ersatzproletariat der deutschen Linken", wie Bassam Tibi annimmt, um „Bürger zweiter Klasse", wie Theo Sommer fürchtet, oder geht es um „Bildungsinländer", eine wirtschaftlich voll integrierte „ausländische Wohnbevölkerung",– oder zunächst einfach um Menschen (Vural Öger), ganz gleich ob man sie deutsche Türken oder türkische Deutsche nennt?

Bei aller Unterschiedlichkeit der Standpunkte in der bisweilen hitzig geführten Debatte um die doppelte Staatsbürgerschaft haben sich einige Kernpunkte herauskristallisiert, die quasi als Maßstab für die jeweilige Position fungieren. In besonderem Maße gilt dies für den Integrationsbegriff. Mit der Neuregelung des rechtlichen Status der Migrantinnen und Migranten – darin sind sich alle einig – wird mit unterschiedlicher Wertung das Thema Integration verbunden.

Kann der Erwerb der deutschen Staatsangehörigkeit „erst am Ende des Integrationsprozesses, nicht an seinem Anfang" stehen (Erwin Huber) oder setzt Integration umgekehrt voraus, „daß Einwanderern all das eingeräumt wird, was allen Bürgern gewährt werden muß: politische Gleichberechtigung, soziale Solidarität und kulturelle Freiheit" (Dieter Oberndörfer)? Oder sind zur Integration gleichermaßen ein Gesetz und „Verständnis und Toleranz" vonnöten (Cem Özdemir)?

Auch hier trifft es wieder zu, daß mit einem bestimmten Sprachgebrauch unterschiedliche Sachverhalte gemeint sind: Geht es um eine „Assimilation zum Deutschtum", wie Helmut Rittstieg befürchtet, oder meint Integration mit Jürgen Rüttgers: „Nicht die Aufgabe der eigenen Wurzeln, aber auch mehr als das bloße Nebeneinander unverbundener Parallelgesellschaften"?

Liegt die Ursache vieler Konflikte zwischen Migranten und Deutschen – und damit ein wichtiger Ansatzpunkt jeglicher Integrationsbemühungen – primär im Ausländerrecht begründet (Helmut Rittstieg), ist die „Ghettoisierung" eine „Folge gesellschaftlicher Ausgrenzung" (Guido Westerwelle) oder ist „das größte Problem, mit dem wir umzugehen haben, [...] die bewußte Ablehnung von Integration" (Wolfgang Zeitlmann) seitens der Ausländer bzw. der Regierung?

Wie genau sieht die rechtliche Situation aus und was kann eine Änderung der Rechtslage leisten? Ist ein neues Staatsbürgerschaftsrecht ein adäquates Mittel der Integrationspolitik? Ist Staatsbürgerschaft „nicht nur ein Stück Papier, sondern Identität" (Hakkı Keskin) oder erfolgt Integration „im Leben, nicht auf dem Papier oder gar durch ein Papier" (Wolfgang Zeitlmann)?

Führt der „Doppelpaß" zu „geteilter Loyalität" (Erwin Huber) oder ist diese Gefahr nicht gegeben, angesichts der Tatsache, daß – so Tayfun Keltek – „seit der Gründung der Bundesrepublik [...] 90 Prozent aller Einbürgerungen unter der Hinnahme der doppelten Staatsangehörigkeit abgewickelt" wurden?

Wer ist überhaupt das im Grundgesetz zitierte „Deutsche Volk" als Urheber der Verfassung: ist es eine vorkonstitutionell gegebene „natürliche" Größe oder meint dieser juristische Terminus einfach die Gesamtheit alle Staatsbürger?

Ist es aus „nationalem Interesse" (Richard Kiessler) nicht geboten, die Kongruenz zwischen Wohnbevölkerung und Wahlbevölkerung herzustellen, wie es Leo Monz mit Berufung auf das Bundesverfassungsgericht fordert?

Ein weiterer Streitpunkt ist die von allen Seiten ins Feld geführte kulturelle Identität. Abwechselnd wird Interkulturalität als Bedrohung oder als notwendige Bereicherung empfunden: Dürfen die Deutschen sich ihre „nationale Identität" nicht durch „multikulturelle Beliebigkeit zerstören" lassen (Erwin Huber) oder ist das Grundgesetz selbst „multikulturell und pluralistisch angelegt" durch die Freiheit der Religion, der Weltanschauung, der Kunst, der Versammlung (Dieter Oberndörfer)? Ist kulturelle Homogenität im Sinne einer konfliktfreien Übereinstimmung kultureller Werte eine „Fiktion" ohne historische oder gesetzliche Legitimation (Dieter Oberndörfer; ähnlich Günter Renner)?

Theo Sommer und Vural Öger weisen auf die historische Dimension der Thematik hin, auf das Anwerbeabkommen Anfang der 60er Jahre und die damit verbundene menschliche und demokratische Verpflichtung. Auf die Zukunft beziehen sich Emine Demirbüken und Cem Özdemir, die auf die – im Vergleich zum „Doppelpaß"-Problem – ungleich größere Integrationsaufgabe im Zusammenhang mit dem staatsbürgerrechtlichen Ausbau der Europäischen Union bzw. mit der zunehmenden Globalisierung aufmerksam machen. Auch Richard Kiessler mahnt für die Zukunft weitere Schritte an, die Debatte um ein modernes Staatsbürgerschaftsrecht müsse lebendig bleiben, und Leo Monz regt für diese Debatte bereits eine offensive Gesamtstrategie im Rahmen einer „Integrationsgesetzgebung" an.

Die Diskussion um die doppelte Staatsbürgerschaft betrifft naturgemäß insbesondere die Ausländerinnen und Ausländer, die nicht die Staatsangehörigkeit eines EU-Staats besitzen, da diesen bereits im Rahmen der Unionsabkommen relativ weitgehende Rechte eingeräumt worden sind. Betroffen sind vornehmlich die 2.110.223 in Deutschland lebenden Migrantinnen und Migranten mit türkischer Staatsangehörigkeit, die somit die weitaus größte Gruppe der insgesamt 7.319.593 Ausländerinnen und Ausländer in Deutschland (Quelle: Zentrum für Türkeistudien, 1999) bilden.

Der vorliegende Band konzentriert sich daher auf diese Bevölkerungsgruppe, jedoch nicht ausschließlich, sondern eher im exemplarischen Sinne eines pars pro toto.

Mit dem Reformvorhaben der Bundesregierung zur Novellierung des Staatsbürgerschaftsgesetzes ist eine Diskussion angestoßen worden, die auch über das Inkrafttreten des Gesetzes am 1.1.2000 hinaus relevant sein wird. Der rechtliche Status von Millionen von Menschen in Deutschland, die Selbstverständlichkeit des alltäglichen Zusammenlebens von deutschen Staatsbürgern mit unterschiedlichem kulturellen bzw. ethnischen Hintergrund, die jeweilige individuelle Identität und das kollektive Selbstverständnis etc. verlangen grundsätzliche Entscheidungen, die auch langfristig einer profunden gesellschaftlichen Diskussion bedürfen, zu welcher der vorliegende Band einen Beitrag leisten will.

Für die Mitarbeit an diesem Band möchten wir uns bei allen Autorinnen und Autoren sehr herzlich bedanken. Dies gilt nicht zuletzt auch für deren Bereitschaft, auf etwaige Autorenhonorare zugunsten der vom Erdbeben in der Türkei betroffenen Kinder zu verzichten. Ein besonderer Dank gilt insbesondere Reyhan Güntürk und Thorsten Liebelt, ohne deren engagierte redaktionelle Mitarbeit dieses Buch nur schwer zu realisieren gewesen wäre.

Andreas Goldberg und Faruk Şen

1. Zuviel Doppelmoral verdirbt die Doppelpaßdiskussion

Emine Demirbüken

Eine große Erleichterung und ein Aufatmen ging durch die Immigrantengesellschaft, als sich die ersten Verbesserungen zur Staatsbürgerschaftsfrage in der rot-grünen Koalitionsvereinbarung manifestierten. Dieser Vereinbarung zufolge bekam die doppelte Staatsbürgerschaft endlich eine rechtmäßige Legitimation – obwohl es sie de facto immer gegeben hat – z. B. bei Kindern aus binationalen Ehen, auch bei Menschen, deren Herkunftsländer nicht ausbürgern (z. B. Iran), und – last but not least – bei Aussiedlern in der Bundesrepublik Deutschland, wird die Zahl der Doppelstaatler auf ca. 3 Millionen geschätzt.

Zur Beunruhigung einiger realitätsfremder Politiker werden diese Zahlen nicht zurückgehen. Im Gegenteil: jedes Jahr kommen ca. 100.000 binationale Kinder auf die Welt, die automatisch Doppelstaatler werden. Nicht zu vergessen die jährlich zu 100.000 einreisenden Spätaussiedler, die – auch wenn wir Ihnen geschichtlich verpflichtet sind – automatisch Doppelstaatler werden. Wenn der „deutsche Paß" das allerhöchste Gut vieler Politiker ist, warum wird dann den 3 Millionen Doppelstaatlern nicht der deutsche Paß entzogen? Denn einige könnten hier durch die Roste fallen, weil sie im Stammbaum höchstens den Besitz eines deutschen Schäferhundes nachweisen und heute kein einziges Wort Deutsch mehr sprechen können.

Wenn's den Herren politisch in den Kram paßt, wird das allerhöchste Gut, nämlich der „deutsche Paß", einigen Leuten auch hinterhergeworfen. Einen Deckmantel findet man immer, dann schreit auch keiner mehr nach Loyalitätsbekundungen oder Bekenntnissen zu den Grundwerten unserer Verfassungsordnung. Es ist nicht mal problematisch, wenn sie nicht auf deutschem Boden leben, denn hier greift das Blutrecht der Abstammung. Den deutschen Schlesiern in Polen – die kaum noch Deutsch können – wird genau aus diesem Grunde der deutsche Paß hinterhergeworfen, damit sie gar artig dort bleiben, wo sie sind und nicht auf die Idee kommen, nach Deutschland zu kommen. Denn in dem Fall müßte man diese „Deutschen" integrieren, und das würde Geld kosten.

Interessant ist die Vorstellung einiger Politiker bezüglich nationaler Identität und, angeblich damit verbunden, einer Homogenität der Gesellschaft. Wie will man das bei den Kindern binationaler Ehen erreichen? Diese Kinder wachsen in mehreren Kulturen mit mehreren Identitäten auf. Sie werden es im späteren Europa nicht schwer haben, weil sie schon von zu Hause aus - über die Grenzen hinweg – eine Erziehung genießen, die über den heimischen Tellerrand hinausschauen kann. Alles Fähigkeiten, die festgefahrene Politiker bekämpfen, wenn sie eine einzige nationale Identität beschwören. Einige – Gott sei Dank wenige – verantwortliche Politiker haben nicht verstanden, worum es hier geht.

Man beschwört Horrorszenarien von kultur- und vaterlandslosen Gesellen, die die deutsche Mutterhand, die sie füttert, bald beißen werden und das gesellschaftliche Klima extremistisch aufheizen wollen. Angesichts solch gefährlichen Gedankenguts ist ein Generationswechsel in der Politik wirklich unabdingbar. Denn die geistige Führung unseres Landes muß die Kraft und den Weitblick besitzen, die hiesige Gesellschaft in das 21. Jahrhundert zu führen und die damit verbundene Unionsbürgerschaft der EU - in deren Besitz wir alle sein werden! – zu verinnerlichen. Denn wie wollen wir eine Unionsbürgerschaft der EU – immerhin sind es 12 Länder – mental integrieren, wenn wir es nicht mal schaffen, mit zwei Staatsbürgerschaften umzugehen?!

Gegner der doppelten Staatsbürgerschaft werden an dieser Stelle sicherlich Einspruch erheben mit der Argumentation, im europäischen Kontext sehe alles anders aus und könne man alles lösen. Also: wenn es politisch gewollt ist, gibt es Lösungswege, die interessanterweise dann auch nicht in die Kategorie „verfassungsrechtlich äußerst problematisch" oder „Doppelloyalitäten" fallen.

Zuviel Doppelmoral verdirbt die Doppelpaßdiskussion

Übrigens: auch ich bin seit vielen Jahren im Besitz der doppelten Staatsbürgerschaft, die mich bis heute nicht zu einem Problemfall werden ließ. Auch die vielen Beschwörungsformeln einiger Politiker werden daran - so leid es mir tut – absolut nichts ändern. Ich werde weiterhin sogar sehr gut mit zwei Herzen, zwei Seelen und mehreren Kulturen leben, ohne daß für mich Loyalitätskonflikte entstehen. Eine Bereicherung für mich, denn diese Vielfalt macht es mir leichter, den europäischen Globalisierungsprozeß zu verinnerlichen.

Arm sind die, die in monokausalen Zusammenhängen denken und ihre Politik auf der Negation einer interkulturellen Gesellschaft mit ihren reichen Facetten gestalten. Daher ist es nicht nachvollziehbar, daß Politiker wie z. B. Rupert Scholz, der Europaerfahrung besitzt, die „multikulturelle und multiethnische Gesellschaft" (Welt 13.11.1998) verteufeln, aber genau das ist Europa! Statt dessen beschwört er die „ethnisch-kulturelle Identität des deutschen Staatsvolkes", was immer das sein mag. Jeder, der die Geschichte kennt, weiß ganz genau, daß Deutschland durch seine schon im 17. Jahrhundert beginnende Zuwanderung immer heterogen und niemals homogen arisch war.

Aber zum Glück gibt es auch noch andere Politiker innerhalb dieser Partei, die nicht so realitätsfremd denken und Politik gestalten. Notwendige Erneuerungsprozesse sollte man, auch wenn sie schmerzhaft sind, in allen Parteien zulassen. Denn nur auf einer Grundlage wie dieser kann eine Doppelstaatlerin wie ich zur Normalität werden. Und das ist die Grundvoraussetzung für ein „neues Miteinander" in unserem Land.

Emine Demirbüken ist Ausländerbeauftragte des Bezirksamt Schöneberg von Berlin.

2. Die Diskussion um die doppelte Staatsangehörigkeit aus der Sicht der Bayerischen Staatsregierung

Erwin Huber

Die Integration von Ausländerinnen und Ausländern in Deutschland war und ist angesichts der stetigen Zuwanderung nach Deutschland eine ständig aktuelle Herausforderung für Politik und Gesellschaft. In Deutschland leben derzeit 7.365.833 Ausländer (AZR, Stand 1.1.1998). Jährlich ist eine sechsstellige Zahl von neu zugewanderten Ausländerinnen und Ausländern zu integrieren, 1997 waren es alleine in Bayern rund 109.000, in ganz Deutschland rund 615.000. Die Integration der hier dauerhaft und rechtmäßig lebenden Ausländer stellt unsere Gesellschaft vor eine schwierige Aufgabe, zu deren Lösung Deutsche und Ausländer beitragen müssen.

Viele Ausländer, darunter auch viele Menschen türkischer Herkunft, leisten einen wertvollen Beitrag für Gesellschaft und Wirtschaft in unserem Land. Ihre Bedeutung zum Beispiel als selbständige Unternehmer, Investoren, Arbeitgeber oder Arbeitnehmer, wie als Steuerzahler in Deutschland ist bekannt, die Bereicherung, die unsere Gesellschaft in vielen Bereichen durch sie erfährt, ist unbestritten. Unsere Gesellschaft und unsere Kultur sind geschichtlich auch geprägt durch wichtige Beiträge, die wir der Leistung von Menschen und kulturellen Einflüssen aus anderen Ländern verdanken. Diese Aufgeschlossenheit und Offenheit ist Teil unserer nationalen Identität. Diese Identität wollen wir erhalten, aber nicht durch multikulturelle Beliebigkeit zerstören. Deshalb gehört für uns zur Integration die Bereitschaft, sich bewußt in unsere Gesellschaft, ihre Wertordnung und kulturelle Prägung einzufügen. Das bedeutet keineswegs die Verleugnung der eigenen Herkunft, der eigenen Heimat, aber es erfordert die bewußte und eindeutige Hinwendung zu unserem Land als neuer Heimat. Es bedeutet zugleich das Bekenntnis zu unserer Nation als Verantwortungsgemeinschaft.

Wer Integration will, darf nicht die Augen verschließen vor aktuellen Problemen:

- Wie müssen feststellen, daß der Anteil arbeitsloser Ausländer, die überproportional gerade bei den nicht oder weniger qualifizierten Berufen vertreten sind, seit geraumer Zeit deutlich über demjenigen der deutschen Bevölkerung liegt.
- Schulen in Vierteln mit hohem Ausländeranteil haben zunehmend Schwierigkeiten, das notwendige Lern- und Bildungsniveau aufrecht zu erhalten. So hat man zum Beispiel in Berlin festgestellt, daß an betroffenen Schulen der rasche Erwerb deutscher Sprachkompetenz für nichtdeutsche Kinder in der Schule nicht mehr hinreichend gewährleistet ist. Wer aber die für das Leben in Deutschland maßgeblichen und grundlegenden Kulturtechniken des möglichst guten Sprechens, Lesens und Schreibens in der deutschen Sprache nicht frühzeitig beherrschen lernt, hat deutlich geringere Chancen in Ausbildung und Beruf.
- Nicht zuletzt ist festzustellen, daß ausländische, insbesondere türkische Jugendliche, stärker mit Kriminalität belastet sind. Das geht zum Beispiel für die bayerische Landeshauptstadt München aus einer Untersuchung der kriminologischen Forschungsgruppe beim Landeskriminalamt hervor. Natürlich ist mit dieser Münchner Sonderauswertung nur eine begrenzte Ausleuchtung eines sehr vielschichtigen Ursachenkomplexes möglich. Dennoch ist festzustellen: Ausländische Jugendliche waren deutlich höher als Mehrfachtäter erfaßt und bei allen Tatverdächtigen mit einer Mehrfachbelastung von zehn oder mehr Straftaten war der Anteil der jungen Türken mit einem Drittel am höchsten.

Wir haben es hier mit drängenden Integrationsproblemen zu tun. Diese Probleme dürfen nicht tabuisiert und verschwiegen werden, wenn Integration gelingen soll. Vielmehr müssen alle an ihrer Lösung mitarbeiten – Bürgerrinnen und Bürger, Vereine und Verbände, der Staat – soweit dies in seinen Aufgabenbereich fällt – und

doppelte Staatsangehörigkeit aus Sicht der Bayerischen Staatsregierung vor allem auch die Ausländerinnen und Ausländer, die dauerhaft und rechtmäßig in Deutschland leben. Gerade eine offene und plurale Gesellschaft wie die unsere muß darauf achten, daß gesellschaftliche Integration angeboten, aber von Ausländern auch angenommen wird. Integration verlangt von diesen ernsthafte Anstrengung und eine eindeutige Entscheidung für das Leben in Deutschland. Deshalb waren und sind die Vorstellungen der Bundesregierung zur Einführung der generellen doppelten Staatsangehörigkeit auch so falsch und so fatal:

– Falsch sind sie, weil generelle doppelte Staatsangehörigkeit allein die Integration in unsere Gesellschaft nicht bewirken oder erleichtern kann, wie wir am Beispiel der Situation in den französischen Vorstädten sehen können. Der Erwerb der deutschen Staatsangehörigkeit kann erst am Ende des Integrationsprozesses, nicht an seinem Anfang stehen.

Gerne wird von Verfechtern der generellen doppelten Staatsangehörigkeit vorgebracht, diese signalisiert Ausländern in Deutschland, daß sie als gleichberechtigter Teil unserer Gesellschaft anerkannt würden und fördere so die Integration. Diese Argumentation überzeugt nicht. Bereits nach bisherigem Recht war es für Ausländer mit langjährigem Aufenthalt und für in Deutschland geborene Kinder leicht, die deutsche Staatsangehörigkeit zu erwerben. Aber mehr als eine Million der in Deutschland lebenden Ausländer haben von dem ihnen eingeräumten Rechtsanspruch auf Erwerb der deutschen Staatsangehörigkeit nicht Gebrauch gemacht. Das zeigt eindeutig, daß ein automatischer Erwerb der deutschen Staatsangehörigkeit jedenfalls nicht dem Willen der Mehrheit der Beteiligten entspricht.

– Fatal sind die Vorstellungen der Bundesregierung, weil mit der Hinnahme der generellen doppelten Staatsangehörigkeit das falsche Signal an die Ausländer gegeben wird, eine Hinwendung nach Deutschland und eine Entscheidung für Deutschland als dauernden Lebensmittelpunkt sei nicht erforderlich. Das auch unter türkischen Staatsangehörigen zu beobachtende „Pendeln zwischen den Kulturen" wird dadurch noch verstärkt, die Integration in die deutsche Gesellschaft damit sicher nicht gefördert. Der deutsche Paß allein bewirkt noch keine Integration.

Die deutsche Staatsangehörigkeit ist keine beliebige Formalie. Sie verlangt eine aktiv positive Hinwendung zum deutschen Staat und zur deutschen Gesellschaftsordnung. Es kann nur eine Loyalität zu einem Land geben – und nicht millionenfach geteilte Loyalität, wie dies bei Einbürgerung und der generellen Hinnahme von Mehrstaatlichkeit der Fall wäre. Deshalb wendet sich die Bayerische Staatsregierung gegen die generelle doppelte Staatsangehörigkeit und deshalb unterstützte Ministerpräsident Dr. Edmund Stoiber die Unterschriftenaktion der Union gegen das Vorhaben der Bundesregierung. In dieser Aktion war aber zugleich sehr nachhaltig das Ziel der Integration unterstrichen worden, zu dem sich die Union bekennt, und alle, die hier unterschrieben haben.

Das Zentrum für Türkeistudien hat den Vorwurf erhoben, die Haltung der Union in dieser Frage, insbesondere die Unterschriftenaktion, gefährde die Integration und drohe, Ausländerfeindlichkeit in der Bevölkerung zu schüren. Dieser Vorwurf verkennt völlig den Stellenwert, den das Ziel der Integration in der Politik und auch in der Unterschriftenaktion der Union besitzt. Diese Politik richtet sich nicht gegen die Ausländer, sondern gegen die verfehlte Ausländerpolitik der Bundesregierung, die entgegen den ursprünglichen Vorstellungen ja auch im Hinblick auf die doppelte Staatsangehörigkeit revidiert werden mußte. Diese Haltung hat Ministerpräsident Dr. Edmund Stoiber dem Botschafter der Republik Türkei in Deutschland in einem ausführlichen Gespräch erläutert.

Wer wie die Bayerische Staatsregierung die Integration der dauerhaft und rechtmäßig hier lebenden Ausländer wirklich will, darf nicht die Integrationskraft der deutschen Gesellschaft überfordern. Wer dies tut, wird letztendlich Aggression gegen Fremde schüren und die Ghettoisierung fördern. Daniel Cohn-Bendit hat leider recht, wenn er feststellt, die multikulturelle Gesellschaft sei wenig solidarisch, von beträchtlichem sozialen Ungleichgewicht geprägt und habe die Tendenz, ihren Zusammenhalt und die Verbindlichkeit der Werte einzubüßen. Deshalb will die Bayeri-

doppelte Staatsangehörigkeit aus Sicht der Bayerischen Staatsregierung

sche Staatsregierung eine Ausländerpolitik, die zur Integration und nicht zur Spaltung unserer Gesellschaft führt.

Deshalb fördert sie die Integration von Ausländern aktiv mit einer Reihe von Maßnahmen. Sie reichen von Sprachförderung über Betreuungsmaßnahmen, der Einstellung von Ausländern bei der bayerischen Polizei bis zur Förderung ausländischer Schülerinnen und Schüler. Besonders hervorzuheben sind folgende Maßnahmen und Ziele:

– Die Bayerische Staatsregierung will die Chancen deutscher und ausländischer Kinder auf bestmögliche Schulausbildung auch in Wohngegenden mit hohem Ausländeranteil wahren. Deshalb nimmt sie gerade die Schulen als Integrationsmittel ernst und stellt mehr als 500 Lehrerstellen zur Förderung ausländischer Schüler, sowie zusätzlich 500 ausländische Lehrerinnen und Lehrer zur Verfügung und bietet mehr als 1.700 Kurse mit muttersprachlichem Ergänzungsunterricht an.

Das Regierungsprogramm der Bayerischen Staatsregierung für die Legislaturperiode 1998 bis 2003 sieht vor, daß bei der Einschulung nur Kinder mit ausreichend fundierten Deutschkenntnissen in Regelklassen aufgenommen werden. Kinder, deren Deutschkenntnisse voraussichtlich nicht ausreichen, um dem Unterricht gut folgen zu können, sollen zunächst in zweisprachigen Klassen gefördert werden, sofern sich eine zur Klassenbildung ausreichende Schülerzahl findet. In bereits bestehenden Klassen mit hohem Ausländeranteil wird die Staatsregierung eine Differenzierung im Fach Deutsch einführen, wo immer das möglich ist. Mit speziellen Gruppen bzw. Klassen für Deutschunterricht sollen Ausländerkinder, die nicht über ausreichend Deutschkenntnisse verfügen, möglichst schnell an den allgemeinen Unterricht herangeführt und ihnen so die Integration erleichtert werden.

– Die Bayerische Staatsregierung will soziale Brennpunkte und Ghettobildung und damit soziale Spannungen zwischen Deutschen und Ausländern verhindern. Dazu sieht das o. g. Regierungsprogramm eine ausreichende Stadtentwicklung zur Vermeidung des Zurückfallens einzelner Gebiete sowie das Ziel einer ausgewogenen Belegung von Sozialwohnungen vor.

Bayern wird erstmals ab diesem Jahr das Programm „Soziale Stadt" als Teil der Städtebauförderung des Bundes und des Freistaates Bayern in Angriff nehmen. Dieses Programm ist ein nationales Aktionsprogramm zur Verbesserung der Situation in Stadtteilen und Gebieten mit besonderen städtebaulichen, sozialen, wirtschaftlichen und ökologischen Problemen. Als eine erste Information zur Umsetzung dieses Programms in Bayern kann der Katalog „Überforderte Nachbarschaften" im Internet abgerufen werden (www.innenministerium.bayern.de). Er enthält die wichtigsten Maßnahmen, mit denen Mißstände beseitigt und intakte, lebenswerte Wohnbereiche wiederhergestellt und erhalten werden sollen.

– Um die soziale Integration ausländischer Kinder aus Nicht-EU-Staaten zu verbessern, will die Bayerische Staatsregierung, daß sie möglich frühzeitig nach Deutschland kommen. Bisher können Jugendliche, die sich acht Jahre rechtmäßig in Deutschland aufgehalten haben und mindestens sechs Jahre eine deutsche Schule besucht haben, bis zu ihrem 21. Geburtstag nach Deutschland zurückkehren. Das bedeutet: Kinder können zur Erziehung in ihre Heimat zurückgeschickt werden und können dann aufgrund der „Wiederkehroption" nach Deutschland zurückkommen – ohne deutschen Schulabschluß, möglicherweise sogar ohne eine Ausbildung oder ohne ausreichende deutsche Sprachkenntnisse. Das erschwert die Integration und verringert die Chancen, Arbeit zu finden. Ergebnis ist nicht zuletzt eine höhere Arbeitslosigkeit ausländischer Jugendlicher. Deshalb hat die Bayerische Staatsregierung Bundesratsinitiativen eingebracht zur Absenkung des Nachzugalters ausländischer Jugendlicher auf zehn Jahre und setzt sich für eine Streichung der „Wiederkehroption" ein. Leider hat die Mehrheit der SPD-Länder diesen sinnvollen Vorstoß im Bundesrat blockiert.

Daß die bayerischen Integrationsmaßnahmen greifen, wird sichtbar auch an der im Vergleich zu anderen Bundesländern niedrig-

doppelte Staatsangehörigkeit aus Sicht der Bayerischen Staatsregierung

sten Arbeitslosenquote von Ausländern in Bayern im Jahr 1998. Mit – leider immer noch zu hohen – 14,4% lag Bayern 1998 um über 5% unter dem Bundesdurchschnitt mit 20,3%. Die Ausländerinnen und Ausländer profitieren von den guten wirtschaftlichen Bedingungen in Bayern und von ihrer guten Einbindung in den bayerischen Arbeitsmarkt. Um die Integration von Ausländern in Bayern weiter zu fördern und die dazu durchgeführten Maßnahmen noch effizienter zu gestalten, plant die Bayerische Staatsregierung eine Bestandsaufnahme und Koordinierung bestehender Aktivitäten zur Integration von Ausländern.

Dabei muß allerdings betont werden: Der Staat kann und wird hier nur die Rahmenbedingungen setzen. Integration ist nicht durch einen Federstrich oder durch die Aushändigung des deutschen Passes allein zu erreichen. Sie ist ein gesellschaftlicher Prozeß, der der Mitwirkung aller bedarf.

Staatsminister Erwin Huber ist Leiter der Bayerischen Staatskanzlei.

3. Anmerkungen zur Migrationspolitik der Bundesregierung
Novellierung des Staatsangehörigkeitsrechts

Tayfun Keltek

Als Vorsitzender der Landesarbeitsgemeinschaft Ausländerbeiräte Nordrhein-Westfalen (LAGA NRW) habe ich mich direkt nach der Bundestagswahl an die damaligen Verhandlungsführer/innen von SPD und Bündnis 90/Die Grünen gewandt und die folgenden Inhalte als notwendige Erfordernisse in der Migrationspolitik der Bundesrepublik Deutschland im Sinne der wirklichen Integration und des gleichberechtigten, friedlichen Zusammenlebens gefordert. Diese Inhalte haben ihre Gültigkeit nicht verloren. Deswegen möchte ich sie hier noch einmal deutlich betonen.

„Die Migrantinnen und Migranten in Nordrhein-Westfalen und darüber hinaus in der ganzen Bundesrepublik Deutschland sehen mit großen Erwartungen auf die Bildung der neuen Bundesregierung. Sie erwarten von der Regierung einen Wechsel in der Migrationspolitik, sie erwarten vor allem aber auch einen Stimmungswechsel.

Ein Stimmungswechsel in dieser Gesellschaft läßt sich durch Gesetze kaum verordnen, er ist auch nicht auf die Bundesebene beschränkt, sondern muß sich vor allem in den Ländern und Kommunen vollziehen.

Mit Stimmungswechsel meine ich, daß von der Politik ein Zeichen dahin gehend gesetzt werden muß, daß kulturelle Vielfalt und interkulturelles Zusammenleben eine Chance und eine Bereicherung für diese Gesellschaft darstellen und eben nicht bedrohend oder belastend sind.

Der vielzitierte kleine Mann, der Stammtisch mit seinen Parolen und undifferenzierten Meinungen muß dafür herhalten, daß die

Politik so ist wie sie ist, auf seine Meinung muß Rücksicht genommen werden.

Verkannt wird dabei, daß diese Meinungen und Parolen „von oben" beeinflußbar, ja steuerbar sind. Wenn von seiten der „großen Politik" immer wieder darauf hingewiesen wird, daß, was wissenschaftlich belegbar ist, Migrantinnen und Migranten in vergleichbarer sozialer Situation weniger kriminell sind als Deutsche und wenn darauf hingewiesen wird, welche Chancen in einer global denkenden und handelnden Wirtschaftswelt in der Mehrsprachigkeit von Migrantenkindern für die deutsche Wirtschaft liegen (um nur zwei Beispiele zu nennen), läßt sich die Stimmung in der Gesellschaft ändern.

Denn die Medien werden solche Aussagen aufgreifen. Und daß veröffentlichte Meinung sehr schnell zur öffentlichen Meinung werden kann, hat nicht zuletzt diese Bundestagswahl gezeigt. Ein konkretes Zeichen für einen solchen Stimmungswechsel wäre die Einrichtung eines Bundestagsausschusses für Migrationsangelegenheiten nach nordrhein-westfälischem Vorbild. Ansprechpartner auf Regierungsseite sollte ein Ministerium für Migrationsangelegenheiten, zumindest aber ein Migrationsbeauftragter in Kabinettsrang mit entsprechendem Arbeitsstab und Kompetenzen sein.

Dabei muß sichergestellt werden, daß in einem solchen Ausschuß bzw. bei einem solchen Beauftragten nicht ausschließlich über, sondern mit Migrantinnen und Migranten gesprochen wird. Eine institutionalisierte Einbindung der Bundeskonferenz der Landesarbeitsgemeinschaften der Ausländerbeiräte in Anhörungs- und Beteiligungsverfahren sowie die entsprechende Förderung einer Geschäftsstelle wären hier der richtige Weg.

Ein Politikwechsel macht es nach meiner Ansicht erforderlich, daß angebliche Reformen der bisherigen Regierung (entsprechend den Ankündigungen in den Bereichen Gesundheit, Lohnfortzahlung und Rente) rückgängig gemacht, dafür tatsächliche Reformen zügig in Angriff genommen werden. An erster Stelle sind hier Reformen des Staatsangehörigkeits- und Einbürgerungsrechts zu nennen.

Anmerkungen zur Migrationspolitik der Bundesregierung

Ein neues Staatsangehörigkeitsrecht auf Grundlage der zum Ende der letzten Legislaturperiode im Bundestag abgelehnten Initiative wäre hier keine Lösung, es würde die Teilung der Gesellschaft auf viele Jahre festschreiben. Eine automatische Erteilung der deutschen Staatsangehörigkeit an Kinder, von denen wenigstens ein Elternteil seit mindestens fünf Jahren in der BRD lebt, wäre der richtige Weg. Einhergehen damit muß für die bereits hier lebenden Migrantinnen und Migranten ein Einbürgerungsanspruch nach fünf Jahren Aufenthalt, wobei die Frage, ob neben der deutschen eine (oder mehrere) andere Staatsangehörigkeit beibehalten wird, unerheblich ist.

Daneben ist umgehend die Frage der politischen Partizipation in der Weise zu klären, daß das kommunale Wahlrecht für Unionsbürger/innen auf alle seit langem in Deutschland lebenden Menschen, unabhängig von ihrer Staatsangehörigkeit, ausgedehnt wird. Insgesamt ist zu fordern, die Realität endlich anzuerkennen, wonach Deutschland seit langem ein Einwanderungsland ist und dieser Tatsache durch ein Einwanderungsgesetz Rechnung zu tragen.

Bis zu einem Inkrafttreten eines solchen Einwanderungsgesetzes ist weiterhin das Ausländergesetz anzuwenden. Dieses muß von seinen restriktiven, auf Abwehr bedachten Vorschriften und Verschärfungen der letzten Jahre befreit werden. Wichtigstes Thema sind hier die verschärften Ausweisungsbestimmungen der §§ 42-50 AuslG, die in erster Linie hier sozialisierte Migrantinnen und Migranten betreffen, der „Fall Mehmet" ist hier ein schlimmes Beispiel. Es kann nicht angehen, daß sich die Bundesrepublik durch Abschiebung in ein „Herkunftsland" der Verantwortung für hier aufgewachsene Menschen entzieht.

Weiterentwickelt werden muß das Familiennachzugsrecht, hervorzuheben ist die Verankerung des Kindeswohls entsprechend der UN-Kinderrechtskonvention in den §§ 20, 22 und 23 AuslG. Ein Rückgängigmachen der unter starken Protesten eingeführten Visums- und Aufenthaltserlaubnispflicht für Kinder- und Jugendliche aus den ehemaligen Anwerbestaaten, die als ein Zeichen für

Ausgrenzung verstanden wurden, wäre ein Signal für die Bereitschaft zur Aufnahme dieser Kinder in unsere Gesellschaft.

Unabhängig hiervon ist die Frage der Flüchtlings- bzw. Asylpolitik zu sehen. Sie muß auf eine Bekämpfung der Fluchtursachen ausgerichtet sein. Trotzdem werden auch zukünftig Flüchtlinge nach Deutschland kommen. Die ständigen Verschärfungen der Lebensbedingungen hier, insbesondere durch das Asylbewerberleistungsgesetz, werden durch politische Verfolgung und Tod bedrohte Menschen nicht abhalten, gleichzeitig verstärken sie aber die Ablehnung durch die deutsche Gesellschaft. Flüchtlinge werden als Sündenböcke dargestellt, sie sollen verantwortlich sein für die Gefährdung des sozialen Friedens. Dies trifft nicht zu. Gefordert wird deshalb eine menschenwürdige Behandlung, eine faire und zügige Durchführung der Asylverfahren.

Als letzter Punkt soll die Forderung nach einem Antidiskriminierungsgesetz angesprochen werden. Migrantinnen und Migranten sind immer wieder von institutioneller, durch Gesetze oder durch öffentliche Stellen verursachter Diskriminierung betroffen. Alle Gesetze und Rechtsnormen müssen daraufhin überprüft werden. Daneben muß gesellschaftliche Diskriminierung durch ein solches Gesetz verfolgbar werden. Beispielhaft sind hier die Antidiskriminierungsgesetze und -organisationen in den Niederlanden.

Mit diesen Forderungen möchte ich Anregungen für eine moderne Migrationspolitik geben, damit die in den letzten zehn Jahren feststellbare Spaltung der Gesellschaft mit der Gefahr einer Aushöhlung der Demokratie gestoppt werden kann. Dem friedlichen, gleichberechtigten Zusammenleben von Deutschen und Migrantinnen und Migranten wäre mit der Umsetzung ein großer Dienst erwiesen."

Soweit die Forderungen und Anregungen an die neue Bundesregierung aus dem Herbst 1998. Ein Teil dieser Forderungen ist in die Koalitionsvereinbarungen der SPD und Bündnis 90/Die Grünen aufgenommen worden, das Wichtigste waren die Inhalte zur Novellierung des Staatsangehörigkeitsrechts.

Anmerkungen zur Migrationspolitik der Bundesregierung

Die CDU/CSU hat gegen diesen Entwurf eine Unterschriftenaktion gegen die „doppelte Staatsbürgerschaft" durchgeführt, nicht zuletzt aufgrund dieser Kampagne hat die CDU die Landtagswahlen in Hessen gewonnen. Dabei geht es angeblich gar nicht um das eigentliche Vorhaben der Bundesregierung, nämlich die Erleichterung der Einbürgerung von Migrantinnen und Migranten, sondern um ein Nebenprodukt, um die doppelte Staatsbürgerschaft, die hingenommen werden soll.

Die CDU/CSU tut so, als würde die Bundesregierung die doppelte Staatsbürgerschaft erst einführen und sie sei dagegen. Dabei gibt es die doppelte Staatsbürgerschaft seit der Gründung der Bundesrepublik Deutschland. Seit der Gründung der Bundesrepublik wurden 90 Prozent aller Einbürgerungen unter der Hinnahme der doppelten Staatsangehörigkeit abgewickelt.

Als erste Gruppe haben die Aussiedler bzw. Spätaussiedler per Grundgesetz Anspruch auf die deutsche Staatsangehörigkeit und von ihnen verlangte bis vor kurzem niemand die Aufgabe des bisherigen Passes bei der Aushändigung des deutschen Passes. Wenn ich bedenke, daß es jährlich durchschnittlich 200.000 Spätaussiedler gab und diese Zuwanderung seit nahezu 40 Jahren anhält, so müßte es allein unter Spätaussiedlern heute vier bis fünf Millionen Doppelstaatler geben. Als vor ein paar Jahren dieser Umstand auf höchster politischer Ebene problematisiert wurde, waren es die CDU-Politiker, die da sagten: „Diese Menschen bilden eine Freundschaftsbrücke zwischen den Herkunftsländern und der BRD. Und einen Pfeiler dieser Brücke bildet ihr zweiter Paß." Ich frage mich, braucht die Bundesrepublik Deutschland lediglich zu Rußland, Polen, Tschechien und Rumänien Freundschaftsbrücken?

Als zweite Gruppe haben die Kinder sogenannter Mischehen per Gesetz das Recht auf die deutsche Staatsbürgerschaft und das bei Hinnahme der doppelten Staatsbürgerschaft. In Deutschland gibt es etwa 950.000 „Mischehen". Wenn jedes Ehepaar nur ein Kind hat, so haben wir eine weitere Million von Doppelstaatsbürgern in diesem Lande.

Tayfun Keltek

Das 1990 von der CDU/CSU reformierte Ausländergesetz sieht die Hinnahme der doppelten Staatsbürgerschaft für Fälle, in denen die bisherige Staatsbürgerschaft nicht oder nur unter erschwerten Umständen aufgegeben werden kann, im § 87 ausdrücklich vor. Die Nutznießer dieser Bestimmung bilden die dritte Gruppe. Und diese Gruppe macht ein Drittel der gesamten eingebürgerten Menschen nach geltendem Recht in NRW aus. Sie sind ganz offiziell anerkannte Doppelstaatler.

Letztlich gibt es bis heute keine bundesdeutsche Bestimmung, die die Annahme einer weiteren Staatsbürgerschaft für einen in der BRD lebenden Deutschen unter Repressalien stellt. Aus diesem Grund erwerben heute viele Migrantinnen und Migranten nach ihrer Einbürgerung ihre frühere Staatsangehörigkeit legal wieder. Sie bilden die vierte Gruppe.

Die Bedingung in unserem Einbürgerungsrecht, die bisherige Staatsbürgerschaft aufzugeben, ist durch diese vielen Ausweichmöglichkeiten zur Farce geworden. Ich habe damals in dem Vorhaben der Bundesregierung die Anerkennung der Realität gesehen und das Ende des deutschen Sonderweges in Europa. Die doppelte Staatsangehörigkeit ist nicht das Ziel, sondern das Mittel zum Zweck. Über drei Millionen Menschen erfüllen zur Zeit Einbürgerungsbedingungen nach dem geltenden Recht. Das Hindernis ist die Aufgabe der Staatsangehörigkeit des Herkunftslandes.

Die CDU/CSU hat viele unsinnige Argumente gegen die Hinnahme der doppelten Staatsangehörigkeit in die Welt gesetzt. Ein Beispiel ist das Argument mit den PKK- Anhängern. Sie sagen: „Wenn die doppelte Staatsbürgerschaft eingeführt wird," – dabei ist die doppelte Staatsbürgerschaft wie vorhin ausgeführt mit etwa sechs Millionen Doppelstaatsbürgern im Lande längst Fakt - „so würden die PKK-Anhänger sich scharenweise einbürgern lassen und nun ohne die Angst vor Ausweisung die BRD zum Tummelplatz des Terrors umwandeln." Hinter diesem eindeutig auf Ängste und Emotionen ausgerichteten Scheinargument verbergen sie, daß das Einbürgerungsangebot nur für die legal in Deutschland lebenden Ausländer gilt.

Anmerkungen zur Migrationspolitik der Bundesregierung

Außerdem wissen wir alle, daß Migrantinnen und Migranten zumeist die bisherige Staatsbürgerschaft nur erhalten wollen, um die Bindung zur Herkunftsgesellschaft und zum Herkunftsstaat nicht völlig aufzugeben. Für die Migrantinnen und Migranten selbst wäre die politische Anerkennung der doppelten Staatsangehörigkeit ein wichtiges Zeichen der Mehrheitsgesellschaft, daß diese die emotionalen, familiären und kulturellen Bindungen der Migrantinnen und Migranten respektiert und würdigt. Die doppelte Staatsangehörigkeit ist für viele Migrantinnen und Migranten ein Symbol ihrer Identität in einem Leben zwischen zwei Welten. Die Ablehnung der doppelten Staatsangehörigkeit bedeutet daher für sie gleichzeitig die Ablehnung ihrer Identität und ihres Lebensgefühls. Welcher separatistische PKK- Anhänger aber legt Wert auf den Erhalt der türkischen Staatsbürgerschaft, der Bürgerschaft des Staates, den er doch auf Leben und Tod bekämpft? Sie würden doch am besten die 1990 von der CDU/CSU eingeführte erleichterte Einbürgerung bei Aufgabe der bisherigen Staatsbürgerschaft beanspruchen und bedürften doch gar nicht der jetzt angestrebten Hinnahme der doppelten Staatsbürgerschaft. Im Falle der doppelten Staatsangehörigkeit ist der diplomatische Schutz der BRD zum Beispiel in der Türkei ohne Bedeutung für die Menschen, die sich dort aufhalten.

Hieraus wird deutlich, daß bei der Diskussion in der Öffentlichkeit dieses Thema auf eine äußerst gefährliche, demagogische Weise zur Stimmungsmache eingesetzt wird.

Gefährlich ist die Art der Diskussion, weil sie die deutsche Bevölkerung durch Aufwerfen von Begriffen wie PKK, R.A.F. und Terror gegen Migrantinnen und Migranten aufhetzt.

Demagogisch ist sie, weil sie Realitäten verdreht, wie ich eben darlegte. Die Fremdenfeindlichkeit ist nun mal ein beschämender Fakt und es liegt auch in den Händen von Politikern, sie zu schüren oder zu besänftigen. Ich bin der Auffassung, daß die bundesweit angelegte Aktion der CDU/CSU die Fremdenfeindlichkeit schürt. Denn sie ist rein emotional angelegt und spricht Ängste, Befürchtungen, Neid- und Haßgefühle der Menschen an. Das kann nur Gewalt von Gegnern wie Befürwortern der Sache heraufbeschwören.

Gewalt ist in einer Demokratie das Mittel, das es abzulehnen aber auch abzuwenden gilt. Wer seine Politik auf Emotionen der Menschen aufbaut, strebt das Gegenteil an und darf sich über die Folgen nicht wundern. Es heißt nicht umsonst: Wer den Wind sät, erntet den Sturm.

Wir wollen die Folgen der damals emotional geführten Diskussion über das Asylrecht mit den Begriffen „Boot ist voll", „Asylschwemme", „Überfremdung", usw. nicht noch einmal in einer Form der Brandanschläge erleben.

Diese Unterschriftenkampagne hat leider in die gleiche Kerbe geschlagen. Die Stimmung ist in der Mehrheitsgesellschaft gegenüber den Migrantinnen und Migranten noch schlechter als zuvor. Diese Unterschriftenkampagne hat sogar die Bundesregierung soweit gebracht, daß sie sich weitgehend von der Reformierung des Staatsangehörigkeitsrechts verabschiedet hat.

Der jetzt vorliegende Entwurf enthält neben einigen kleinen, nicht zu leugnenden Verbesserungen auch wesentliche, nicht nachvollziehbare Verschlechterungen gegenüber dem geltenden Recht. Ich bedaure sehr, daß der richtige Ansatz dieser Vorlage einem Bedürfnis nach dem großen Konsens aller Parteien geopfert wurde. Es bleibt leider festzuhalten, daß sich die Bundesregierung von einer wesentlichen Komponente ihrer Reformvorhaben verabschiedet hat. Die Regelungen des neuen § 25 RuStaG seien hier als Beispiel genannt.

Es drängt sich leider auch der Eindruck auf, daß bei der Beurteilung der Migrantengruppen zwischen EU-Bürgern, deren Einbürgerung, auch unter Hinnahme von Mehrstaatigkeit, deutlich erleichtert werden soll und „sonstigen Migrantinnen und Migranten" unterschieden wird.

Ich befürchte, daß eine Spaltung der Migrantinnen und Migranten in „EU-Bürger" und „Sonstige" zementiert wird und sich weiterhin vor allem junge Menschen enttäuscht abwenden. Insgesamt ist festzustellen, daß das erhoffte Signal der Mehrheitsgesell-

Anmerkungen zur Migrationspolitik der Bundesregierung

schaft, daß alle rechtmäßig auf Dauer in Deutschland lebenden Migrantinnen und Migranten gleichberechtigte Teile dieser Gesellschaft sein sollen, ausgeblieben ist. Junge, hier geborene Menschen, bleiben „Deutsche auf Abruf", für ältere Migrantinnen und Migranten fehlt jedes Zeichen dafür, daß ihre Lebensleistung für dieses Land anerkannt wird.

Tayfun Keltek ist Vorsitzender der Landesarbeitsgemeinschaft Ausländerbeiräte (LAGA) des Landes Nordrhein-Westfalen.

4. Der Kampf für Bürgerrechte muß fortgesetzt werden

Hakkı Keskin

In der Migrantenpolitik bleibt Deutschland eines der rückständigsten Länder. Diese Tatsache fand erneut eine Bestätigung durch das Staatsangehörigkeitsgesetz, welches im Mai 99 Gesetzeskraft erlangt hat.

Seit mehr als einem Jahrzehnt wurde in den Medien, in Parteien, Kirchen und Gewerkschaften und nicht zuletzt auch in den Parlamenten über die Reform des Staatsbürgerschaftsrechts gestritten. Eines der zentralen Ziele dieser Reform sollte es sein, den mittlerweile 7,3 Mio. Menschen, die zum Teil seit 20, 30 oder gar 40 Jahren unter uns leben, von denen viele in Deutschland geboren und aufgewachsen sind, den Erwerb der deutschen Staatsbürgerschaft zu erleichtern. Diese Reform sollte zum einen für die rechtliche Gleichstellung, zum anderen aber auch im wohlverstandenen Eigeninteresse Deutschlands für eine bessere Integration dieser Bevölkerungsgruppe in die deutsche Gesellschaft sorgen.

Manch bornierter Politiker in Deutschland will es offenbar aus kurzfristigem parteipolitischem Interesse heraus nicht begreifen, daß eine erfolgversprechende Integrationspolitik nicht möglich ist, bis keine gleichberechtigte Aufnahme der zum „Ausländerdasein" herabgewürdigten Menschen erfolgt ist. Solange also die Menschen, die integriert werden sollen, immer noch nach den Regularien des „Gastrechts" juristisch gesehen außerhalb, vor der Tür der deutschen Gesellschaft leben müssen, wird und kann keine wirkliche Integration gelingen. Ohne politische Rechte, das zeigen gerade auch die Erfahrungen bei fast allen Wahlen der letzten Jahre, werden diese Millionen von politisch rechtlosen Inländern ohne deutschen Paß allzu oft als Sündenböcke instrumentalisiert.

Hakkı Keskin

Das neue Staatsangehörigkeitsrecht bringt für die erste, zweite und für große Teile der dritten „Ausländergeneration" aus den Nicht-EU-Staaten, und das sind rund 75% der hier lebenden Menschen ohne deutschen Paß, keine Verbesserung, ja für große Teile sogar Verschlechterungen mit sich. Eine substantielle Verbesserung wäre durch Verzicht auf die erzwungene Aufgabe der bisherigen Staatsbürgerschaft möglich gewesen, doch das neue Gesetz sieht dies nicht mehr vor.

Auch der Erwerb der deutschen Staatsbürgerschaft durch Geburt ist für sich betrachtet ein wichtiger und richtiger Ansatz, bleibt aber durch die Befristung bis zum 23. Lebensjahr ein doch sehr halbherziger Schritt. Von dem groß angekündigten „Modernisierungsprojekt der deutschen Gesellschaft", von *dem* Reformvorhaben der rot-grünen Koalitionsregierung, ist kaum etwas übrig geblieben.

Das neue Einbürgerungsrecht wird ab dem 1. Januar 2000 in Kraft treten. Von diesem Zeitpunkt an können Kinder bis zum 10. Lebensjahr rückwirkend einen Antrag auf Einbürgerung stellen. Nur für diese Personengruppe, das sind hochgerechnet maximal 800.000 bis 1 Mio. Menschen, bringt das Gesetz die Erleichterung, daß sie bis zum 23. Lebensjahr Doppelstaatler sein dürfen. Für die große Masse der Einwandererbevölkerung werden sich die Einbürgerungen rückläufig entwickeln, weil zumindest für die Einwanderer aus der Türkei die Möglichkeit wegfällt, nach dem Erwerb der deutschen Staatsbürgerschaft die türkische zurückzuerhalten.

Als Hauptbetroffene und Befürworter dieser Reform in ihrer ursprünglichen Fassung sind wir nun mit unserem Vertrauen in und unseren Erwartungen an diese Regierung bitter enttäuscht worden. Dies wird bleibende Spuren hinterlassen.

Die hauptsächlichen Verhinderer dieses für Deutschland und die hier lebenden Migranten so eminent wichtigen Reformprojekts sind jedoch unverkennbar die Unionsparteien und die FDP. Dies wird von der Einwandererbevölkerung und ihren Kindern sicherlich nicht vergessen werden. Die, die es blockiert haben, können

Der Kampf für Bürgerrechte muß fortgesetzt werden

stolz sein auf ihren Erfolg, Millionen von Menschen erneut für viele weitere Jahre zum Ausländerdasein verurteilt zu haben.

Deutschland hat im Vergleich zu seinen europäischen Nachbarn seine das Staatsbürgerschaftsrecht betreffende Rückständigkeit nicht überwinden können.

Unser Eintreten, unser Kampf für Bürgerrechte bleibt aktueller denn je und wird mit allen demokratischen Mitteln konsequent weitergehen. Wir geben unsere Hoffnung nicht auf, daß ein demokratischer Rechtsstaat inmitten Europas Millionen seiner Bewohner nicht auf Dauer als Ausländer mit minderen Rechten leben lassen kann und darf. Diese Tatsache werden auch die Konservativen und die sogenannten Liberalen dieses Landes begreifen müssen. Man braucht kein Prophet zu sein, um vorauszusehen, daß die Schäden dieser kurzsichtigen und verantwortungslosen Politik unabsehbar sein werden.

Gerade die Türkische Gemeinde und ihre Gründervereine fordern seit Jahren (und ich persönlich seit rund zwei Jahrzehnten, wenn ich dies an dieser Stelle hinzufügen darf) eine grundlegende Reform des Staatsbürgerschaftsrechts. Wir haben rechtzeitig erkannt, daß die eingewanderten kulturellen Minderheiten nur mit dem Erwerb der deutschen Staatsangehörigkeit zu gleichen Rechten in Deutschland kommen können. Auch andere berechtigte Forderungen der Einwanderer und ihrer Nachkommen können erst dann bei den Parteien und Regierungen Gehör finden, wenn diese volle Bürgerrechte besitzen und somit auch über das Wahlrecht verfügen. Deshalb hat diese Reform für uns in den letzten zehn Jahren die höchste Priorität.

Die Unionsparteien haben mit ihrer Unterschriftenaktion gegen die Einführung der doppelten Staatsbürgerschaft anläßlich der Landtagswahl in Hessen im März 1999 Ängste und Vorurteile bei Teilen der deutschen Bevölkerung für ihre Zwecke mobilisiert. Dies schließt nahtlos an alte Wahlkampagnen an, in denen die Unionsparteien unterschwellig die nichtdeutsche Bevölkerung für zahlreiche Probleme wie Massenarbeitslosigkeit, Wohnungsnot und Kriminalität verantwortlich machten.

Damit wurde ein sehr komplexes Thema, wie es das Staatsangehörigkeitsrecht ist, auf eine emotionale Ebene gebracht, auf der griffige Slogans die Argumente ersetzten. Dies führte dann zu völlig haltlosen Äußerungen von führenden Unionspolitikern, wie die geplante Reform des Staatsangehörigkeitsrechts führe zu massenhafter Zuwanderung oder gefährde die innere Sicherheit Deutschlands mehr als seinerzeit der RAF-Terrorismus.

An dieser Stelle halte ich es für erforderlich, mich mit den sogenannten „Argumenten" der Unionsparteien im einzelnen auseinanderzusetzen.

1. Die Einbürgerung müsse, so die CDU/CSU, am Ende der Integration stehen und nicht am Anfang. Daher würde diese Reform die Integration verhindern.

Dafür aber, wann und nach welchen Kriterien die Menschen, die seit drei oder vier Jahrzehnten in Deutschland leben oder gar hier geboren und aufgewachsen sind, als „integrationsreif" anzusehen seien, werden keine Kriterien genannt. Die Maßstäbe bleiben also unbekannt.

Die Erfahrungen, die in vielen anderen Ländern inzwischen gemacht wurden, belegen jedoch, daß die Einbürgerung ein ganz entscheidendes Instrumentarium für die Integrationspolitik ist. Daher wird die Beibehaltung der bisherigen Staatsbürgerschaft von Belgien, Dänemark, Frankreich, Griechenland, Großbritannien, Italien, Niederlanden, Irland, Schweden, Portugal, Schweiz, Spanien, Türkei sowie von den klassischen Einwanderungsländern USA, Kanada und Australien regelmäßig hingenommen. Innerhalb der EU machen nur Deutschland, Österreich und Luxemburg die erzwungene Aufgabe der bisherigen Staatsbürgerschaft zur Voraussetzung bei der Einbürgerung. Bei den Aussiedlern und Kindern der binationalen Ehen wird der Doppelpaß auch von Deutschland akzeptiert.

Wie soll eine Integration, also eine Angleichung, ein „Zusammenwachsen" der kulturellen Minderheiten mit der deutschen

Der Kampf für Bürgerrechte muß fortgesetzt werden

Bevölkerung möglich sein, so lange diese Minderheiten mit einem Sonderrecht, dem Ausländerrecht nämlich, abgesondert, abgeschottet, rechtlich, sozial und politisch von der Gesellschaft diskriminiert leben müssen. Wenn wir heute, vier Jahrzehnte nach der Anwerbung der ersten sogenannten „Gastarbeiter" immer noch Integrationsdefizite und Reibungsfelder, die es durchaus gibt, beklagen, so deshalb, weil die deutsche Politik es versäumt hat, diese Menschen als einen festen Bestandteil der deutschen Gesellschaft zu akzeptieren und zu behandeln.

Als Befürworter wird der Doppelpaß von uns nicht als Ziel, sondern als Mittel des Ziels der rechtlichen, politischen und sozialen Gleichstellung und somit der Integration angesehen.

Dieses Recht soll selbstverständlich auch den rund eine Millionen Deutschen zugute kommen, die im Ausland spanische, Italienische, griechische, US-amerikanische und türkische Staatsbürgerschaft erwerben wollen, aber zu Recht auf die eigene Staatsangehörigkeit nicht verzichten wollen.

2. Man könne nicht zwei Ländern gegenüber loyal sein, deshalb müsse die Entscheidung eindeutig für die deutsche Staatsbürgerschaft fallen, wenn man sich einbürgern lassen wolle.

Loyalität ist eine Frage der gleichberechtigten Aufnahme in die Gesellschaft. Es ist eine Frage, ob man sich einer Gesellschaft zugehörig und in ihr zu Hause fühlen kann, sich als ein Teil des Ganzen betrachtet. Die bisherige Politik hat aber genau dieses versäumt. Bereits der Begriff „Ausländer" für Menschen, die seit 20, 30 und gar 40 Jahren hier leben, die sogar gebürtige Hamburger, Berliner oder Hannoveraner sind, ist diskriminierend und provokativ. Dies scheinen die Gegner der erleichterten Einbürgerung nicht begriffen zu haben.

Wahr ist aber auch, daß die Eingewanderten und ihre Kinder auch Wurzeln im Herkunftsland haben. Die Sozialisation der ersten Generation fand vollständig dort statt. Diese prägt bis heute die eigene Identität nachhaltig. Auch die Eltern und Verwandten, zu denen sie in der Regel immer noch enge Kontakte pflegen, leben dort.

Die Staatsbürgerschaft ist nicht *nur ein Stück Papier*, sondern ein Teil der Identität.

Wurzeln in zwei Ländern zu haben ist eben für viele Menschen durch die Migration in die nord- und westeuropäischen Staaten in unserer Zeit zu einer Realität geworden. Wem aber könnte dies schaden? Ich denke, eher das Gegenteil ist der Fall. Die Migranten könnten als eine Art menschliche Brücke zwischen Deutschland und den Herkunftsländern dienen und dazu beitragen, die Beziehungen zwischen diesen Ländern nachhaltig zu verbessern.

3. Die deutsche Bevölkerung wolle die doppelte Staatsbürgerschaft mehrheitlich nicht, sagen die Unionsparteien. Hierzu gebe es Erhebungen.

Ich bezweifle die Seriosität dieser Erhebungen. Es ist, das wissen wir alle, bei einer Befragung sehr entscheidend für die Antwort, wie die Frage formuliert ist.

Im August/September 1994 führte INFAS eine repräsentative Befragung durch. Die damals gestellte Frage war nach meinem Dafürhalten korrekt formuliert, sie lautete: „Wie stehen Sie zum Erwerb der deutschen Staatsbürgerschaft von Türken, die lange Jahre hier bei uns leben bzw. hier geboren wurden und weiter hier bleiben wollen?"

Hier ist der Sachverhalt neutral und richtig formuliert. Man konnte zwischen vier möglichen Antworten wählen:

Sie sollten Deutsche werden	28%
Sie sollten die doppelte Staatsbürgerschaft erwerben können	43%
Sie sollten Türken bleiben	24%
keine Angaben	5%

Der Kampf für Bürgerrechte muß fortgesetzt werden

71 % der Befragten sind also hier für die Verleihung der deutschen Staatsbürgerschaft an Türken, darunter 43% sogar für den Doppelpaß. Würde man heute mit der gleichen Fragestellung diese Erhebung wiederholen, würden wir möglicherweise eine noch eindeutigere Antwort erhalten.

Am 3. Dezember 1998 wurde bei einem regionalen Hamburger Fernsehsender, bei der Sendung „Schalthoff live" das Pro und Contra einer doppelten Staatsangehörigkeit diskutiert. Die Hörer wurden gebeten, sich per Telefon dafür oder dagegen auszusprechen.

Für eine doppelte Staatsangehörigkeit waren 52%, dagegen votierten 48%.

Wir sehen, auch dieses Argument ist nicht ganz korrekt. Abgesehen davon, es ist die Aufgabe der verantwortlichen Politiker, bei der Bevölkerung für eine richtige Entscheidung zu werben.

4. Die doppelte Staatsbürgerschaft würde die innere Sicherheit Deutschlands gefährden, sagt die CDU/CSU.

Bekanntlich gibt es bei der Einbürgerung Kriterien, die als Voraussetzung zu erfüllen sind. Unter anderem die Straflosigkeit. Es wird gesetzlich festgelegt, die straffällig Gewordenen und diejenigen, die für die innere Sicherheit nachweislich eine Gefahr darstellen, nicht einzubürgern.

5. Die doppelte Staatsbürgerschaft wäre verfassungswidrig.

Namhafte Verfassungsrechtler, darunter auch der konservative Jurist Prof. Heilbronner, sehen keinerlei verfassungsrechtliche Bedenken gegen den Doppelpaß.[1]

Das Bundesverfassungsgericht hatte 1990 in seiner Entscheidung zum Kommunalen Wahlrecht dieses für Ausländer abgelehnt

---

[1] Hailbronner, K., Rechtsfragen der doppelten Staatsangehörigkeit bei der erleichterten Einbürgerung von Wanderarbeitnehmern und ihren Familienangehörigen, Hamburg.

und zugleich den Gesetzgeber aufgefordert, die Einbürgerung zu erleichtern, damit das Wahlrecht eingeführt werden könne.

6. Die doppelte Staatsbürgerschaft würde zur Masseneinwanderung führen

Art. 6 des Grundgesetzes garantiert Ehe und Familie den besonderen Schutz der staatlichen Ordnung. Dieses Recht gilt auch uneingeschränkt für die hier lebenden nichtdeutschen Ehen und Familien. Dementsprechend können heute die in Deutschland lebenden Ausländer ihre Kinder unter 16 Jahren und ihre Ehepartner auch nach geltendem Recht bereits zu sich holen, wenn sie ihren Lebensunterhalt garantieren und ausreichenden Wohnraum nachweisen können. Diese Voraussetzungen sind aber auch im Entwurf der Bundesregierung festgeschrieben. Insofern ist auch diese Befürchtung unbegründet.

Wir sehen, die Gegenargumente der Unionsparteien sind in keiner Weise überzeugend und sachgerecht.

Der wahre Grund für ihre ablehnende Haltung ist nach meiner Einschätzung ein anderer. CDU und CSU haben in ihrer 16-jährigen Regierungszeit aufgrund ihrer restriktiven Ausländerpolitik und wegen ihrer ablehnenden Haltung gegenüber allen berechtigten Forderungen der Einwandererbevölkerung bei diesen keinerlei Sympathie erwerben können. Zu Recht befürchten sie daher, von den neuen Staatsbürgern kaum Stimmen bei Wahlen zu erhalten.

Nach dem ursprünglichen Gesetzentwurf der Koalitionsregierung hätten rund vier Millionen Einwanderer und ihre Kinder die deutsche Staatsangehörigkeit erwerben und mit ihren Stimmen die Ergebnisse von Wahlen in Zukunft maßgeblich beeinflussen können. Diese Angst war es, die die Unionsparteien veranlaßte, mit einer Reihe Hilfsargumenten ihre wahre Haltung zu verschleiern und eine unangemessen radikale Politik zu verfolgen.

Zugleich haben sie mit diesem Kurs versucht, Stimmen der rechtsradikalen Parteien bei den zahlreichen in diesem Jahr anste-

Der Kampf für Bürgerrechte muß fortgesetzt werden

henden Wahlen zu fangen. Dadurch entfernen sich die Unionsparteien aber noch weiter von der Einwandererbevölkerung, was dann auch mittel- und längerfristig negative Konsequenzen für CDU und CSU haben wird. Diese polarisierende Politik zu Lasten der kulturellen Minderheiten ist einer demokratischen Volkspartei wie der CDU nicht würdig. Diese kurzsichtige Politik wird, davon bin ich überzeugt, der CDU viel mehr Schaden bringen als erhofften Nutzen. Deshalb appelliere ich an die CDU, ihre Ausländerpolitik ernsthaft zu überdenken.

Prof. Dr. Hakkı Keskin ist Politikwissenschaftler und Bundesvorsitzender der Türkischen Gemeinde in Deutschland.

5. Reform ohne Doppelpass

Richard Kiessler

Die Reform des deutschen Staatsangehörigkeitsrechts ist kein Akt von Gutmenschen. Sie folgt dem unmittelbaren nationalen Interesse und ist, so gesehen, ein unverzichtbarer Beitrag zur Sicherung und Bewahrung des inneren und sozialen Friedens in Deutschland. Der soziale Friede zumal ist ein hohes Gut. Es hieße diesen zu gefährden, wenn auf Dauer ein großer Teil der Wohnbevölkerung in der Bundesrepublik nicht mehr identisch mit dem Staatsvolk bliebe.

Dieser eigentlich naheliegenden Einsicht hatte sich, als sie noch regierte, auch die CDU/CSU in ihren programmatischen Aussagen nicht verschlossen. Doch nach der Abwahl der christlich-liberalen Koalition, als die rot-grüne Regierung in einem zweiten Anlauf mit der FDP einen sanften Einstieg in ein modernes Staatsangehörigkeitsrecht fand, drohten die christlichen Oppositionsparteien prompt, mit juristischen Mitteln auszuhebeln, was den Fundamentalisten in den eigenen Reihen nicht passen mochte: Die Abkehr vom überholten Volkstumsbegriff. Dabei suchte die rot-grüne Koalition mit Hilfe der Liberalen lediglich Abschied zu nehmen vom vormodernen Konstrukt der reinen Abstammung vom gleichen Blut. Damit sollte, im Kern, die Mehrstaatlichkeit hingenommen und der Entwicklung in anderen westlichen Demokratien angepasst werden: Wer die deutsche Staatsangehörigkeit erhält und damit einen Pass der Europäischen Union bekommt, muss nicht zwangsläufig seine angestammte Staatsangehörigkeit aufgeben. Kein Zweifel, dies ist aus Sicht der Konservativen ein radikaler Bruch mit dem Staatsangehörigkeitsrecht aus dem Jahre 1913. Aber eben auch, aus der Sicht der Mehrheit der Abgeordneten im Deutschen Bundestag, ein vernünftiger Ansatz, lange hier zu Lande lebende Ausländer, die längst integriert sind, auch formal einzugliedern.

Überdies hielten die Unionsparteien an ihrer, auch in den eigenen Reihen umstrittenen Unterschriftenkampagne gegen das neue Staatsangehörigkeitsrecht fest. Damit spaltete die CDU-/CSU, allen Beteuerungen zum Trotz, die deutsche Gesellschaft und erschwerte ein Klima der Integrationsbereitschaft und Toleranz. Zugegeben, ein solches Klima kann der Gesetzgeber nicht verordnen. Aber der im Parlament diskutierte Kompromiss, den die einen für zu zaghaft und die anderen für zu kühn hielten, ist natürlich besser als gar nichts. Denn die längst fällige Abkehr vom Abstammungsprinzip trägt der Lebenswirklichkeit Rechnung: Deutscher ist, wer hier aufwächst und lebt.

Die Ergänzung des Abstammungs- um das Territorialprinzip erleichtert ja in der Tat die Einbürgerung lange hier lebender und arbeitender ausländischer Mitbürgerinnen und Mitbürger. Deren Selbstbewusstsein und Integrationswillen gilt es zu stärken. Doch weil die FDP, stets um ihr Profil besorgt, von ihrer noch 1993 verfochtenen „Abkehr vom Grundsatz der Vermeidung der doppelten Staatsbürgerschaft" nichts mehr wissen wollte, ist zumindest der ersten Generation der Migranten diese Brücke auch in Zukunft verbaut. Dies ist ein in höchstem Masse unbefriedigender und nicht nachvollziehbarer Zustand. Der Doppelpass als Regelfall wurde – allerdings auch zur stillen Genugtuung mancher Sozialdemokraten – vorerst dem erreichbaren Kompromiss geopfert. Überdies wird auf der Grundlage des Kompromisses der rot-grünen Koalition mit der FDP nicht jedes Kind ausländischer Eltern auch automatisch Deutscher kraft Geburt. Daran bleiben für die Eltern mancherlei Voraussetzungen geknüpft – etwa die unbefristete Aufenthaltserlaubnis und die Kenntnis der deutschen Sprache. Außerdem müssen die Neubürger den Lebensunterhalt für sich und ihre unterhaltsberechtigten Familienangehörigen bestreiten können, ohne dabei Sozial- oder Arbeitslosenhilfe in Anspruch zu nehmen. Diese Vorbedingungen, die auch im geltenden Einbürgerungsverfahren zu erfüllen sind, beschränken den Kreis der Antragsteller der-

Reform ohne Doppelpass

artig, dass viele, die für eine weiterreichende Öffnung eintreten, enttäuscht wurden.

Aber es sollte bei alledem bedacht werden, dass mit der Regelung ein Durchbruch in die richtige Richtung geschafft worden ist, der indessen weiterer Schritte bedarf, sobald die Mehrheitsverhältnisse in Bundestag und Bundesrat dies zulassen. Die Debatte um ein reformiertes, modernes Staatsbürgerschaftsrecht muss deshalb lebendig bleiben. Denn längst sind die hier in Deutschland lebenden Ausländer keine Gäste mehr, denen ein nur zeitlich befristeter Aufenthalt zugemutet werden kann. Die christliche Opposition, die in den 16 Jahren ihrer Regierungszeit Gelegenheit gehabt hätte, die Integration voranzutreiben, der aber in Wahrheit der politische Wille fehlte, kann sich nach wie vor auf weit verbreitete Vorurteile stützen. Nur wären diese Parteien gut beraten, diese Vorurteile nicht auch noch mit scheinheiligen Argumenten zu schüren.

Ängste vor Überfremdung oder die Sorge, sich in einer multikulturellen Gesellschaft nicht zurechtzufinden, sind kein deutsches Phänomen. Andere Nationen aber haben weniger Probleme, sich mit ihrer Geschichte zu identifizieren. Deshalb ist es Aufgabe der politisch Verantwortlichen, auf die Ängste der Bürgerinnen und Bürger einzugehen und diese ernst zu nehmen. Zu unterstellen, nur Rechtsradikale oder ewig Gestrige hätten ihre Unterschrift in die Listen der CDU/CSU eingetragen, ist lächerlich und zudem moralisch überheblich.

In aller Besonnenheit sollte man sich vor Augen führen, dass schon vor der Neuregelung des Staatsbürgerschaftsrechts jeder vierte von 80 000 Ausländern, die pro Jahr in der Bundesrepublik eingebürgert werden, seinen angestammten Pass behalten darf. Insgesamt leben über zwei Millionen Doppelstaatler unter uns. Insofern kam die Partei des früheren Bundeskanzlers Kohl mit ihrer populistischen Kampagne eigentlich zu spät. Sie hätte indessen einmal erklären sollen, warum es aus ihren Reihen keinen Aufschrei gibt, wenn Aussiedler aus Russland, der Ukraine oder Polen ihren ausländischen Pass behalten dürfen. Auf der anderen Seite ist der Regierung Schröder vorzuhalten, dass vielen Bürgern die Möglichkeit der doppelten Staatsbürgerschaft im ersten Gesetzentwurf als wesentlicher Kern der gesamten Reform erschien.

Tatsächlich sollte die Hinnahme der Mehrstaatlichkeit auch in Zukunft nur ein Mittel zum Ziel der gesellschaftlichen Integration sein. Überdies entspräche der doppelte Pass dem Trend zur Globalisierung in einer Welt, in der nationale Grenzen ihre Bedeutung verlieren. Oder ist die deutsche Staatsangehörigkeit – welch völkische Wahnvorstellung! – etwa ein „heiliges" Gut? Sind Frankreich, Großbritannien, die Niederlande, Italien, Spanien, Griechenland oder Belgien etwa von der dort möglichen doppelten Staatsbürgerschaft innerlich zerrissen worden?

Gleichwohl, die Unionsparteien werden nicht nachlassen, Sturm gegen die doppelte Staatsbürgerschaft zu laufen. Da sollte sich niemand Illusionen hingeben. Doch dieses wesentliche Hindernis auf dem Weg zur Einbürgerung der Migranten, für das es keinerlei völkerrechtliche Grundlage gibt und von dem sämtliche neugefassten Staatsangehörigkeitsrechte in der Europäischen Union Abschied genommen haben, wird in Deutschland nach wie vor und vor allem der türkischen Minderheit entgegengehalten. Dass dies ebenso gefährlich wie anachronistisch ist, liegt auf der Hand. Denn diese Minderheit darf und soll nicht zu einem Staat im Staat werden. Ein Türke, der hier zu Lande unbescholten lebt und sich längst eingelebt hat, gefährdet nicht die innere Sicherheit, wenn er nach seiner Einbürgerung seine angestammte Staatsbürgerschaft behält. Die Staatsbürgerschaft ist kein Auslöser für innere Unruhen, wohl aber der Umstand, dass bei vielen dieser Migranten die Eingliederung in die deutsche Gesellschaft nicht geglückt ist. Dies aber liegt an den einzelnen Menschen und den Umständen, die sie vorfinden, nicht aber am Pass. Deshalb ist die Reform ohne Doppelpass vorerst nur ein erster Schritt auf dem dornigen Weg zu einer umfassenden Reform des Staatsangehörigkeitsrechts.

Dr. Richard Kiessler ist Chefredakteur der Neuen Ruhr/Neuen Rhein Zeitung (NRZ), Essen.

6. Reform des Staatsangehörigkeitsrechts

Chancen für eine gleichberechtigte Zukunft aller Kinder verbessert

Leo Monz

Über viele Jahrzehnte vollzog sich in der Bundesrepublik Deutschland eine Entwicklung, die dazu führte, daß ein nicht dramatisch, aber stetig wachsender Anteil an der Wohnbevölkerung als Ausländer und Ausländerinnen von gesellschaftlicher Teilhabe und demokratischer Mitwirkung ausgeschlossen wurde. Jede Geburt eines Kindes ausländischer Eltern vergrößerte diesen Anteil, obwohl sie ohne Zweifel ein Teil und ein fester Bestandteil der deutschen Gesellschaft sind.

Eine Demokratie, insbesondere eine parlamentarisch-repräsentative mit wenigen plebiszitären Elementen wie die deutsche, ist aber auf Rückhalt durch breite Beteiligung angewiesen. Volksvertreter und -vertreterinnen auf allen politischen Ebenen – von der Kommune bis zum Bundestag – brauchen breite Unterstützung in ihren Wahlbezirken. Je geringer die Wählerunterstützung eines politischen Mandatsträgers ist, um so geringer ist die demokratische Legitimation. Ein (kommunaler) Mandatsträger in Großstädten, den nur 50% der Wohnbevölkerung überhaupt wählen können, weil die andere Hälfte (als Ausländer) nicht wahlberechtigt ist, verliert an Legitimation.

Nehmen wir den Gleichheitsgrundsatz von Artikel 3 unseres Grundgesetzes ernst, so muß das Staatsangehörigkeitsrecht dazu beitragen, daß nicht die Herkunft bzw. der Geburtsort der Eltern, sondern die Tatsache der dauerhaften Niederlassung den Zugang zur demokratischen Teilhabe ermöglicht. In Deutschland geborene und/oder aufgewachsene Kinder müssen von Anfang an ohne jegliche Benachteiligung in Deutschland leben können. Bisher gab es jährlich Zehntausende von inländischen Kindern mit ausländischem Paß, die zwar ihre Zukunft in Deutschland sahen, aber ohne deutsche Staatsbürgerschaft nicht in vollem Umfang gleichberechtigt ihre Zukunft gestalten konnten.

Die Einbeziehung aller Einwohner und Einwohnerinnen in die demokratischen Entscheidungsprozesse dient der Stärkung der Demokratie. Deshalb sind immer geringer werdende Wahlbeteiligung ebenso wie die zunehmende Divergenz zwischen Einwohner- und Wahlbevölkerung Alarmsignale für die demokratische Entwicklung einer Gesellschaft. Die Wiederherstellung der Kongruenz zwischen Staatsvolk, damit dem Wahlvolk nach heutigem Rechtsverständnis und Einwohnern ist damit für die auf Dauer in Deutschland lebende ausländische Minderheit, aber insbesondere für die Mehrheitsgesellschaft von großer Bedeutung für die künftige demokratische Entwicklung von Staat und Gesellschaft. Daher gehört die Reform des Staatsangehörigkeitsrechtes zu Recht zu den wichtigsten Reformvorhaben der Regierungskoalition von Bündnis 90/Die Grünen und SPD. Mit ihr sollte ein Beitrag zur Integration von Ausländerinnen und Ausländern in Deutschland geleistet werden.

Nach der Unterschriftenkampagne der Unionsparteien, mit der fremdenfeindliche Stimmungen aufgegriffen und verstärkt wurden und die Diskussion um die Reform für wahltaktische Ziele mißbraucht wurde, wurde den veränderten Mehrheitsverhältnissen im Bundesrat mit der Vorlage eines Gesetzentwurfes von FDP, SPD und Bündnis 90/Die Grünen Rechnung getragen. Wesentliche Reformvorstellungen der Regierungskoalition blieben dabei auf der Strecke. Die Kernforderungen des Deutschen Gewerkschaftsbundes wurden nicht berücksichtigt. Das Ziel der gesellschaftlichen Integration bereits lange bei uns lebender Ausländer und Ausländerinnen wurde dem juristischen Ziel der Vermeidung von Mehrstaatigkeit untergeordnet und geopfert.

Zur grundsätzlichen Bewertung des Gesetzentwurfes der Bundestagsfraktionen von Bündnis 90/Die Grünen, FDP und SPD stellte der DGB gegenüber dem Bundestagsinnenausschuss fest:

Reform des Staatsangehörigkeitsrechts.

1. der DGB begrüßt die ergänzende Einführung des ius-soli-Prinzips in das deutsche Staatsangehörigkeitsrecht,
2. der DGB begrüßt die Verkürzung der Einbürgerungsfristen für Anspruchseinbürgerungen,
3. der DGB begrüßt die Beibehaltung des Einbürgerungsanspruchs, wenn Sozial- oder Arbeitslosenhilfe aus einem vom Ausländer nicht zu vertretenden Grund in Anspruch genommen werden müssen,
4. der DGB begrüßt grundsätzlich die rückwirkende Anwendung des ius-soli-Prinzips für vor dem Inkrafttreten des Gesetzes in Deutschland geborene Kinder,
5. der DGB begrüßt das geforderte Bekenntnis zum Grundgesetz und lehnt die Einführung einer Verfassungsschutzregelanfrage ab;
6. der DGB lehnt die generelle Verweigerung der Zulassung von Mehrstaatigkeit ab,
7. der DGB lehnt die Ungleichbehandlung von Ausländern mit unterschiedlicher Staatsangehörigkeit ab,
8. der DGB lehnt Regelungen ab, die zusätzlichen Verwaltungsaufwand zur Folge haben,
9. der DGB bedauert das Fehlen eines offensiven Einbürgerungsangebotes für seit langem in Deutschland lebende Ausländer und Ausländerinnen sowie ihre in Deutschland geborenen und/oder aufgewachsenen Kinder und Kindeskinder.

In den achtziger Jahren entwickelte der DGB die Forderungen nach dem kommunalen Wahlrecht und Doppelstaatsangehörigkeit in Form einer ruhenden (im Geburtsland) und einer aktiven (im Wohnland) Staatsbürgerschaft. Angesichts der Untätigkeit der damaligen Bundesregierung und der sie tragenden Parteien CDU, CSU und FDP forderte der damalige DGB-Vorsitzende Ernst Breit 1989 in einem Schreiben an Bundeskanzler Kohl eine grundlegende Reform des veralteten Staatsbürgerschaftsrechts und die Hinnahme der Mehrstaatigkeit. Der Deutsche Gewerkschaftsbund erneuerte angesichts der fremdenfeindlichen Gewalttaten in Deutschland am 5. Juli 1993 seine Forderung:

Leo Monz

„Als Signal für die Zugehörigkeit von seit langem bei uns lebenden ausländischen Arbeitnehmern und ihren Familienangehörigen fordert der DGB entsprechende gesetzliche Maßnahmen, mit denen die Doppelstaatsbürgerschaft ermöglicht wird."

Und gemeinsam mit der Katholischen Arbeitnehmerbewegung (KAB) in einer gemeinsamen Erklärung vom 8. September 1993 unter anderem:

– für die Kinder legal in der Bundesrepublik Deutschland lebender Ausländer das Recht, mit der Geburt in Deutschland die deutsche Staatsangehörigkeit zu erhalten, – nach 8-jährigem rechtmäßigem Aufenthalt die Einbürgerung für Ausländer als Rechtsanspruch zu ermöglichen, – bei der Einbürgerung nicht das Aufgeben der ehemaligen Staatsangehörigkeit zu verlangen, – die Einbürgerung nicht abhängig zu machen vom Einbürgerungswillen anderer Familienangehöriger."

Der DGB forderte die Einführung des Territorialprinzips (ius soli), damit in Deutschland geborene Kinder die deutsche Staatsbürgerschaft erhalten. Bereits 1993 hatten sich mit Unterstützung der Gewerkschaften mehr als eine Million Menschen für eine Reform des Staatsbürgerschaftsrechts und die doppelte Staatsbürgerschaft ausgesprochen. Mit seiner Aktion „Wir alle sind Deutschland – Doppelstaatsbürgerschaft : Gleiche Rechte. Gleiche Pflichten. Mehr Miteinander." warb der DGB seit 1995 dafür, daß das deutsche Staatsangehörigkeitsrecht moderner, europäischer wird, in Deutschland geborene Kinder gleichberechtigt als Bürger und Bürgerinnen leben können, die Einbürgerung erleichtert, Doppelstaatsbürgerschaft möglich wird. In einer „Hattinger Erklärung" hat sich der DGB- Bundesvorstand im Januar 1999 für ein modernes, europäisches Staatsbürgerschaftsrecht ausgesprochen, mit dem diese Ziele verwirklicht werden sollen.

Grundlage für jede Form von Integration ist die gleichberechtigte Teilhabe aller Einwohner in allen Bereichen des gesellschaftlichen Lebens. Dies ist in seiner Gänze letztlich nur durch die

Reform des Staatsangehörigkeitsrechts.

Staatsangehörigkeit gewährleistet, obwohl Ausländer und Ausländerinnen in Deutschland schon seit langem in verschiedenen gesellschaftlichen Bereichen gleiche Rechte besitzen. So sind sie z.b. gleichberechtigte Mitglieder in den Gewerkschaften des DGB. In der Arbeitswelt sind gleiche Rechte und Gleichbehandlung für alle Arbeitnehmer und Arbeitnehmerinnen rechtlich verankert.

Im Arbeits- und Sozialrecht wurde bereits frühzeitig die rechtliche Gleichstellung erreicht. Insbesondere durch die Reform des Betriebsverfassungsgesetzes 1972 und des Bundespersonalvertretungsgesetzes 1974 konnten ausländische Arbeitnehmer und Arbeitnehmerinnen gleichberechtigt an der demokratischen Gestaltung der Arbeitnehmerinteressenvertretung teilhaben, Integration und Anti-Diskriminierung wurden als Ziele gesetzlich fixiert und einforderbar.

Nach wie vor fehlen entsprechende gesetzliche Regelungen für die Gesellschaft. Ein immer größer werdender Teil der Bevölkerung in Deutschland (zur Zeit ca. 7,3 Millionen Menschen) ist von staatsbürgerlichen Rechten wie dem Wahlrecht völlig ausgenommen. Ausnahmen wie die z.b. die Beschäftigung im Staatsdienst bei der Polizei oder das kommunale Wahlrecht und Wahlrecht für EU-Staatsangehörige werden als individuelle oder kollektive Privilegien gewährt.

Die Bundesrepublik Deutschland ist ein Einwanderungsland besonderen Typs. Sowohl Zuwanderer als auch die Aufnahmegesellschaft gingen zunächst von einem vorübergehenden Aufenthalt aus. Von Zuwanderern wird die de-facto-Auswanderung verdrängt. Verstärkt durch die Rückkehrpolitik der achtziger Jahre wurde der Eindruck vermittelt, der Zuwanderungsprozess sei umkehrbar. Aus diesem Prozeß sind entscheidende psychologische Weichenstellungen in der Bevölkerung mit Migrationshintergrund und der deutschen Bevölkerung entstanden.

Der DGB begrüßt daher, daß die Regierungskoalition in ihrer Koalitionsvereinbarung eindeutig feststellt:

„Wir erkennen an, daß ein unumkehrbarer Zuwanderungsprozeß in der Vergangenheit stattgefunden hat (...)".

Leo Monz

Trotz hervorragender Integration der Zuwanderer in das soziale Leben in Deutschland existiert bei ihnen eine psychologische Barriere gegenüber der Aufgabe der Heimatstaatsangehörigkeit. In der Vergangenheit hat sich diese Barriere als Hindernis für die Annahme der deutschen Staatsangehörigkeit erwiesen. Auch für die Zukunft darf diese Barriere nicht als Ablehnung der deutschen Staatsbürgerschaft mißverstanden oder mißgedeutet werden.

Seit die CDU/CSU/FDP-Regierung die Möglichkeit geschaffen hatte, die deutsche Staatsangehörigkeit anzunehmen, ohne die ausländische Staatsangehörigkeit aufzugeben, oder es von der CDU/CSU/FDP-Regierung faktisch zugelassen war, die ausländische Staatsangehörigkeit ohne Verlust der deutschen Staatsangehörigkeit wiederzuerlangen, haben immer mehr Personen diese Einbürgerungsmöglichkeiten genutzt.

Es wäre daher folgerichtig, diese spezifische Migrationsgeschichte als schwierige Bedingung für die Aufgabe der bisherigen Staatsangehörigkeit anzuerkennen und für diesen Personenkreis die Mehrstaatigkeit hinzunehmen.

Die dauerhafte Niederlassung ist faktisch das Ergebnis eines erfolgreichen Integrationsprozesses von Migranten und Migrantinnen – bei allen Schwierigkeiten in Ausbildung und Beschäftigung – insbesondere in der Arbeitswelt und ihrer Kinder – bei allen Mängeln - insbesondere im Bildungssystem. Die Auseinandersetzung über Einbürgerung als Endpunkt von Integration oder Voraussetzung von Integration entspricht nicht der Lebenswirklichkeit von Migranten und Migrantinnen sowie ihren Kindern in Deutschland. Sie sind Teil dieser Gesellschaft.

Das Bundesverfassungsgericht forderte daher zurecht, die Kongruenz zwischen Wohnbevölkerung und Wahlbevölkerung herzustellen. Es muß der für die Demokratie schädlichen Entwicklung entgegengewirkt werden, dass ein großer Teil der Bevölkerung nicht an der demokratischen Gestaltung teilhaben kann und gerade in Großstädten damit die Grundlage für die repräsentative Demokratie erodiert, weil ein immer größerer Bevölkerungsteil ausgeschlossen ist.

Reform des Staatsangehörigkeitsrechts.

Daher hat der DGB in seiner Stellungnahme zur Koalitionsvereinbarung festgestellt:

„Mit den vorgesehenen Gesetzesänderungen wird die psychologische Barriere zur Annahme der deutschen Staatsbürgerschaft bei Ausländerinnen und Ausländern durch die Akzeptanz der Mehrstaatigkeit überwunden und der großen Mehrheit der hier lebenden Ausländern und Ausländerinnen die volle rechtliche und gesellschaftliche Teilhabe als Staatsbürger und Staatsbürgerinnen in der Bundesrepublik Deutschland und damit auch der Europäischen Union ermöglicht."

Wir erwarten daher, daß die Regierungskoalition ihre Ziele nicht aufgibt, die sie in der Koalitionsvereinbarung formuliert hat.

Das Staatsangehörigkeitsgesetz 1999 bedeutet unter den aktuellen Mehrheitsbedingungen des Bundesrates einen wichtigen Schritt, da in Zukunft – wegen der Einführung des ius soli – viele in Deutschland geborene Kinder eines ausländischen Elternteils mit gleichen Rechten und Pflichten wie ihre Gleichaltrigen aufwachsen. Es ist aber lediglich nur ein Schritt, weil der Vermeidung von Mehrstaatigkeit ein höherer Stellenwert eingeräumt wird als der unbürokratischen Einbeziehung von Millionen Menschen in unser Staatswesen.

Es gilt die *Chancen*, die dieses Gesetz bietet zu *nutzen*. Die Eltern in Deutschland geborener Kinder bis 10 Jahre sollten, m.E. *müssen* im Jahr 2000 für ihre Kinder die deutsche Staatsangehörigkeit beantragen. Diese Kinder erhalten sie ohne Bedingungen wie alle zukünftig in Deutschland geborenen Kinder eines ausländischen Elternteils. Da gilt es Überzeugungsarbeit zu leisten. Diese Eltern, denen die Reform des Staatsangehörigkeitsrechtes wenig, insbesondere nicht die lang erwartete generelle Hinnahme der Mehrstaatigkeit gebracht hat, müssen *ihren Kindern die Vorteile dieser Reform sichern*.

Und wir sollten, m.E. *müssen* die nächsten Jahre nutzen und unsere Überzeugungsarbeit fortsetzen. Deutschland ist längst in vielfacher Hinsicht vielfältiger geworden. Die Geburtsorte der Eltern in Deutschland geborener Kinder sind europäischer und globaler geworden, die religiöse Vielfalt hat ebenso wie die kulturelle Vielfalt zugenommen. Wie in allen westlichen Demokratien bilden Menschenrechte die Grundlage des Staatsverständnisses, die gemeinsame deutsche Sprache sichert die Kommunikationsfähigkeit aller Einwohner und Einwohnerinnen, die Anerkennung und Akzeptanz der unterschiedlichen kulturellen und religiösen Identität aller Einwohner und Einwohnerinnen sind die Grundlage des Zusammenlebens, und des Staatsverständnisses, das die Frage nach der ausländischen Staatsbürgerschaft zurücktreten läßt hinter einem selbstbewußten republikanischen Staats- und Demokratieverständnis.

Für den Deutschen Gewerkschaftsbund ist die Reform des Staatsangehörigkeitsrechts nur ein Teil der notwendigen Integrationspolitik durch die Bundesregierung. Sie muß in eine Gesamtstrategie einbezogen sein, die gesetzlich abgesichert in einer *Integrationsgesetzgebung* u.a. Sprachförderungsangebote, Ausbau der interkulturellen Bildung in der allgemeinen und beruflichen Ausbildung, eine konsequente Anti- Diskriminierungs- und Gleichbehandlungspolitik mit entsprechender Gesetzgebung, Information und Aufklärung der einheimischen Bevölkerung über die Gründe für Migration und Flucht vorsehen. Sie ist Teil einer Strategie für mehr Beschäftigung und soziale Gerechtigkeit und die Überwindung von Ausbildungslosigkeit.

Insbesondere ist es aber erforderlich, daß *Bündnis für Demokratie und Toleranz* zu verwirklichen und Aktivitäten mit dem Ziel einer gesellschaftlichen Klimaveränderung gegenüber ethnischen Minderheiten in Deutschland zu entwickeln und zu unterstützen.

Leo Monz ist Leiter des Referates Migration beim DGB-Bundesvorstand

7. Multikulturalismus und kultureller Pluralismus werden durch das Grundgesetz der Bundesrepublik Deutschland geschützt

Dieter Oberndörfer

Kultureller Pluralismus, kulturelle Konflikte und kultureller Wandel finden sich in allen menschlichen Gesellschaften. Kulturelle Homogenität im Sinne fugenloser, konfliktfreier Übereinstimmung kultureller Werte hat es nie und nirgendwo gegeben. Versuche, sie herzustellen und als Status puo festzuschreiben, führten stets zu kultureller Unterdrückung bis hin zu kultureller Inquisition. Beispiele für sie und zugleich für schlimme Verbrechen des christlichen Europa sind die Religionskriege des Mittelalters, die Vernichtung der Katharer Südfrankreichs, die Kreuzzüge und die Vertreibung der Muslime und Juden aus Spanien oder die Kämpfe zwischen Katholiken und Protestanten im 16. und 17. Jahrhundert zur Durchsetzung nationaler religiöser Homogenität in Frankreich, England und Deutschland.

Ferner haben sich alle Kulturen in einer langen Geschichte kulturellen Austausches grenz- und völkerübergreifend gebildet. Gerade die großen Menschheitskulturen sind in ganz besonderer Weise miteinander verwobene Mischkulturen. Durch Austausch und über Neuinterpretation der Überlieferung gab es zudem überall kulturellen Wandel und kulturelle Pluralität. So waren und sind sämtliche uns bekannten Kulturen inhomogene, konfliktive und dynamisch sich immer wieder verändernde pluralistische und multikulturelle Gebilde.[1]

---

[1] Zum folgenden Beitrag vgl.: Dieter Oberndörfer, Integration oder Abschottung,? – Auf dem Wege zur postnationalen Republik, in: Zeitschrift für Ausländerrecht (ZAR), 1998, 1; ferner ders., Die politische Gemeinschaft und ihre Kultur. Zum Gegensatz zwischen kulturellem Pluralismus und Multikulturalismus, in: Aus Politik und Zeitgeschichte (APuZ), Nr.53, 20.12.1996, S.37-46, und

In Europa kam das Christentum aus Kulturen des Nahen Osten. Im Mittelalter und in der Renaissance erhielt die Kultur der europäischen Völker entscheidende Impulse aus der Begegnung mit der Philosophie und Literatur der griechisch-römischen Antike. Vom Geist der Antike sind der deutsche Idealismus, die deutsche Klassik und Romantik geprägt worden. Große Werke der Weltliteratur wurden ins Deutsche übersetzt. Shakespeare und Molière wurden so auch ein Teil der deutschen Bildungstradition.

Als Beispiel für eine in sich ruhende nationale Kultur wird häufig die japanische Kultur angeführt. Aber auch sie ist „multikulturell". Sie ist durch chinesische, indische und westliche Überlieferungen geformt worden. Aus China wurden die Schrift und die Kunsttechniken übernommen, aus Indien über China und Korea der Buddhismus und aus Europa und Nordamerika Literatur, Kunst, Philosophie, moderne Wissenschaften und Technologie.

Die Durchsetzung der Forderungen nach einer von fremden Elementen gesäuberten Kultur hätte angesichts der tatsächlichen Multikulturalität aller Kulturen für ihre Völker oder Gesellschaften skurrile Folgen.

Während nationale Ideologen die kulturelle Pluralität ihrer Staaten auf selbstdefinierte angeblich „nationale" Inhalte zu verkürzen versuchen, schützt der republikanische Verfassungsstaat durch Gewaltenteilung, Rechtsstaatlichkeit und Grundrechte die individuelle Freiheit der Kultur, die Freiheit der Religion und Weltanschauung, damit aber zugleich kulturelle gesellschaftliche Vielfalt und Dynamik. Er ist daher nicht nur de facto, sondern auch de lege, ja konstitutionell, multikulturell und pluralistisch.

Der eigentliche Kern der kulturellen Freiheit des modernen Verfassungsstaates ist dabei die individuelle Freiheit der Religion und Weltanschauung. Sie war die Mutter der politischen Freiheit. Durch die politischen Freiheiten der Bürger und ihren institutionel-

---

ders., Assimilation, Multikulturalismus und kultureller Pluralismus – Zum Gegensatz zwischen kollektiver Nationalkultur und kultureller Freiheit der Republik, in: Klaus J. Bade (Hrsg.), Migration – Ehnizität – Konflikt: Systemfragen und Fallstudien, Osnabrück 1996, S.127-148.

Multikulturalismus und Pluralismus werden durch das GG geschützt

len und rechtlichen Schutz sollte die kulturelle Freiheit gesichert werden.

So bildete die Geburt des republikanischen Verfassungsstaates in den Vereinigten Staaten von Amerika und in Europa den Schlußpunkt einer jahrhundertelangen Geschichte religiöser Bürgerkriege westlicher Gesellschaften. Die Vereinigten Staaten wurden als Heimstatt für Gläubige unterschiedlicher Religion und Konfession gegründet. Zum Schutz der individuellen religiösen Freiheit und der religiösen Praxis gegen Eingriffe des Staates wurden Staat und Kirche getrennt. Um den kulturellen Pluralismus der Bürger zu sichern, mußte der Staat eine weltanschaulich neutrale Instanz, ein säkularer Staat werden.

Auch im Grundgesetz der Bundesrepublik Deutschland wird die individuelle Freiheit der Kultur, die individuelle Freiheit des religiösen Glaubens, der religiösen Praxis und der Weltanschauung geschützt. So heißt es in Art. 4 Abs. 1 und 2 des Grundgesetzes: „Die Freiheit des Glaubens, des Gewissens und die Freiheit des religiösen und weltanschaulichen Bekenntnisses sind unverletzlich" und „Die ungestörte Religionsausübung wird gewährleistet". Dieser Schutz der Freiheit der Religion, der Weltanschauung und Kunst durch die Verfassung sichert den Bürgern einen weiten Spielraum bei der Bestimmung ihrer individuellen kulturellen Präferenzen. Zudem werden religiöse Überzeugungen und kulturelle Werte von Minderheiten nicht nur geduldet, sondern dürfen auch aktiv vertreten werden. Mit Art. 5 Abs. 1 GG: „Jeder hat das Recht, seine Meinung in Wort, Schrift und Bild frei zu äußern und zu verbreiten [...]. Eine Zensur findet nicht statt." Auch der verfassungsrechtliche Schutz der Versammlungsfreiheit ist für die kulturelle Freiheit der Bürger von zentraler Bedeutung.

Aus der individuellen Freiheit der Kultur im modernen Verfassungsstaat folgt, daß die Kultur keine verbindlich vorgegebene kollektive Orientierungsgröße sein kann. In der Republik gibt es somit keine nationalen Religionen oder Kulturen, die durch den Staat für ihre Bürger verbindlich gemacht werden dürfen. Jeder Versuch, einem Deutschen, Franzosen oder Amerikaner eine bestimmte Religion oder Konfession als nationale Pflicht oder Eigenschaft vorzuschreiben, ist ein Anschlag auf den Geist und die Bestimmungen ihrer Verfassungen. Die Kultur der Deutschen, der Bürger der Bundesrepublik Deutschland, kann immer nur der gesamte und in sich sehr vielfältige Güterkorb der kulturellen Werte aller deutschen Staatsbürger sein. „Die" oder „eine" für alle verbindlich definierte deutsche Kultur kann es in einem Verfassungsstaat nicht geben. Soweit der Begriff der Nation mit kulturellen Überlieferungen und Werten verbunden wird, geschieht dies immer nur als selektive individuelle Entscheidung und Aneignung, die für die übrigen Bürger nicht zwingend verbindlich sind. Es bleibt den Bürgern der Bundesrepublik Deutschland überlassen, ob sie deutsche oder englische Liebesromane, den Koran oder die Bibel, Goethe oder die Bildzeitung lesen, ob sie Bach oder Louis Armstrong hören, ob sie in ihrer Freizeit Museen besuchen oder Sport treiben, ihren Urlaub in Deutschland oder im Ausland verbringen wollen.

Kulturelle Werte dürfen in der Republik individuell interpretiert, akzeptiert oder zurückgewiesen werden. Die Kultur der Republik wird somit unvermeidlich zu einer Mischung unterschiedlicher und häufig auch konfliktiver Güter und Werte. Begrenzt wird ihr kultureller Pluralismus allein durch die Verfassung und deren rechtliche und politische Ordnung. Diese bilden ihrerseits die Voraussetzung für die Offenheit und Vitalität des kulturellen Pluralismus der Republik.

Der kulturelle Individualismus und Pluralismus des republikanischen Verfassungsstaates vertragen sich nicht mit dem statischen Konzept einer kollektiven Nationalkultur, die seit undenklichen Zeiten existiert und von den Bürgern auf immer bewahrt werden muß – gedankliche Konstrukte, die die tatsächliche geschichtliche innere Vielfalt der Kulturen und ihren ständigen Wandel ignorieren und daher immer fiktiv waren und sein werden.

Die individuelle kulturelle Freiheit und ihr Pluralismus machen die Kultur der Republik, das komplexe Amalgam der kulturellen Werte und Güter ihrer Bürger, zu einem permanenten Prozeß des

Multikulturalismus und Pluralismus werden durch das GG geschützt

Wandels individueller oder kollektiver kultureller Präferenzen. In diesem Prozeß ist es legitim, wenn sich einzelne Bürger oder bestimmte Gruppen engagiert für die Erhaltung und auch Verbreitung von Überlieferungen einsetzen, die ihnen selbst lieb und teuer sind. Diese Überlieferungen dürfen jedoch nicht mit der Kultur der Republik verwechselt werden. Diese umfaßt die Gesamtheit der kulturellen Güter und Präferenzen aller ihrer Staatsbürger. Wenn etwa in der Bundesrepublik Deutschland die Zahl der Staatsbürger muslimischen Glaubens zunehmen wird, werden deren religiöse Überzeugungen in noch stärkerem Umfang als schon heute zu einem Bestandteil der Kultur der Bundesrepublik Deutschland, der Kultur der Deutschen, werden.

Die Alternative wäre eine Politik der kulturellen Apartheid. Sie wäre in der pluralistischen und individualisierten Gesellschaft der Gegenwart weder politisch durchsetzbar noch mit der Verfassung der Republik vereinbar.

Die Kultur des republikanischen Verfassungsstaates ist offen für den Wandel ihrer Inhalte. Sie kann niemals abschließend und übereinstimmend definiert werden. In ihrem Pluralismus müssen kulturelle Werte und Überlieferungen sehr viel überzeugender und engagierter vertreten werden als in einer Gesellschaft, in der „die" Überlieferung unbefragt und unkritisch Gegenwart und Zukunft prägen soll. Die Republik begünstigt somit eine ungleich tiefergehende individuelle Aneignung kultureller Güter durch ihre Bürger. Die Freiheit der Kultur in der Republik richtet sich also nicht gegen die Bewahrung kultureller Traditionen. Sie schafft indes den politischen Rahmen für eine ständig neue kritische Überprüfung ihrer Geltung und verbessert die Chancen für kulturelle Vielfalt und Innovation.

In der Demokratie werden Mehrheiten immer wieder der Versuchung erliegen, ihre eigene Interpretation der Kultur anderen Mitgliedern der politischen Gemeinschaft aufzudrängen. Republiken verlieren jedoch ihre moralische und politische Glaubwürdigkeit, wenn sie solchen Tendenzen den Vorrang gegenüber der individuellen kulturellen Freiheit und dem mit ihr verbundenem kulturellen Pluralismus einräumen.

In der Bundesrepublik wurde der politische Streit über Multikulturalismus durch die millionenfache Zuwanderung von Ausländern aus bislang fremden und insbesondere aus islamisch geprägten Kulturen ausgelöst. In der Diskussion der politischen Mehrheit geht es dabei heute vor allem um die Fragen der wünschenswerten Form der „Integration" der Fremden in das Gemeinwesen und die dabei zu achtenden Grenzen kulturellen Pluralismus'.

Die Integration von Fremden, ihre Verwandlung in Patrioten, kann sich im Verfassungsstaat nur auf ihre politische Integration beziehen und darf nicht mit kultureller Assimilation verwechselt werden. Kulturelle Freiheit muß allen Bürgern – auch ursprünglich fremden – ohne Ansehung ihrer ethnischen Herkunft, ihrer Religion oder Weltanschauung gewährt werden.

Politische Integration aber setzt voraus, daß Einwanderern durch Einbürgerung all das eingeräumt wird, was allen Bürgern gewährt werden muß: politische Gleichberechtigung, soziale Solidarität und kulturelle Freiheit.

Politische Gleichberechtigung macht die Einbürgerung notwendig, Solidarität die soziale Integration, wobei im Falle der sozialen Benachteiligung von Einwanderern die Sozialpolitik ebenso wie bei anderen benachteiligten Bürgern gefordert ist. Kulturelle Freiheit muß wiederum in dem Umfang gewährt werden, wie sie allen anderen Bürgern eingeräumt wird.

Daß die politische Integration durch Staatsbürgerschaft und kulturelle Freiheit mit wirtschaftlicher und sozialer Chancengleichheit kombiniert werden muß, ergibt sich aus der normativen Substanz republikanischer Verfassungen. Die Geschichte der Einwanderungsländer zeigt allerdings, daß soziale Integration immer nur über längere Zeiträume, meistens innerhalb der Generationenfolge, erreicht werden kann. Aber zumindest diese Möglichkeit muß gewährt werden.

Wegen der zentralen Bedeutung der Sprache in Kulturen stellt sich die Frage nach der Funktion der Sprache für Republiken. Be-

Multikulturalismus und Pluralismus werden durch das GG geschützt

nötigen Republiken eine nationale Sprache? Alle Bürger sollten sich sprachlich miteinander verständigen können. Dies scheint eine nationale Sprache zumindest als Verwaltungs- und Verkehrssprache notwendig zu machen. Zugleich beweist die Schweiz, daß die Koexistenz mehrerer regionaler Sprachen in einem Staat durchaus mit Patriotismus und starkem politischen Zusammenhalt vereinbar ist. Die Indische Union hat bisher ebenfalls eine bemerkenswerte politische Stabilität bewiesen, obwohl es in ihr Dutzende regionale Sprachen mit langer literarischer Tradition gibt. Dabei fungiert allerdings das Englische, eine „Fremdsprache", ähnlich wie früher Latein in Europa, als inoffizielle überregionale Staats- und Verwaltungssprache

Die Sprache wird zwangsläufig immer zu einer Quelle politischen Konflikts werden, wenn sie als Ausdruck einer ins Religiöse überhöhten kollektiven Kultur interpretiert wird. Alle großen Schriftsprachen waren indes nichts naturwüchsig Vorgegebenes, sondern wurden in der Regel erst in längeren Prozessen durch Handel, Verwaltung, Medien und Schulen - um nur einige Faktoren zu nennen, als Sprachen der Mehrheit durchgesetzt. Sprachen sind primär Instrumente menschlicher Kommunikation. Ihr Wert sollte in erster Linie nach ihrer ästhetischen Qualität und ihren Möglichkeiten des sprachlichen Ausdrucks und der Verständigung beurteilt werden. Auch hier, bei der Entmythisierung der Funktion der Sprachen, müssen Erblasten der romantischen Ideologie der Nation abgetragen werden.[2]

Die Grenzen der kulturellen Freiheit müssen für Einwanderer aus bislang fremden Kulturen die gleichen sein wie für alle anderen Bürger. Diese Grenzen werden durch die Verfassung und durch die Rechtsprechung festgelegt. Auftretende kulturelle Konflikte, die es in allen Gesellschaften und gerade auch in scheinbar kulturell homogenen Gesellschaften immer wieder gegeben hat – wie z. B. in

---

[2] Vgl. hierzu Dieter Oberndörfer, Sprachnation und Staatsnation – Sprache und Nationbildung in Europa und der Dritten Welt, in: Peter R. Weilemann, Hanns Jürgen Küsters und Günter Buchstab (Hrsg.), Macht und Zeitkritik, Festschrift für Hans-Peter Schwarz zum 65. Geburtstag, Paderborn 1999.

Dieter Oberndörfer

der Reformation und den europäischen Religionskriegen –, müssen im Rahmen der rechtlichen und politischen Ordnung des republikanischen Verfassungsstaates aufgearbeitet werden. Dies wird häufig mit schweren politischen Konflikten verbunden sein. Ihre friedliche konsensuelle Bewältigung innerhalb des durch die Verfassung und ihre Rechtsordnung gegebenen Rahmens wird nicht immer und oft nur partiell gelingen.[3]

Die Republik wächst oder verkümmert je nach den Erfolgen oder Mißerfolgen bei ihrer eigenen Konkretisierung. Der republikanische Verfassungsstaat bleibt immer Programm und ständig neue Aufgabe. Wenn es gelingt, in freier Selbstbestimmung eine halbwegs friedliche Koexistenz von Menschen unterschiedlicher religiöser und weltanschaulicher Orientierung zu ermöglichen, ist das Beste erreicht, was man von einer politischen Ordnung erhoffen kann.

Die politischen Konflikte, die sich aus kulturellem Pluralismus immer wieder ergeben, haben ihren Ausgangspunkt oft in vorurteilsgeladenen Klischees von der jeweils fremden Kollektivkultur. So wenn z. B. alle muslimischen Einwanderer fundamentalistischen Gruppen des Islam zugeordnet werden, obwohl dieser in viele religiöse Richtungen aufgeteilt ist. Daneben gibt es auch im Islam eine zum Teil schnell zunehmende Säkularisierung. Der politisch-religiöse Fundamentalismus hat im übrigen in christlich geprägten Kulturen eine mindestens ebenso lange und lebendige Tradition wie im Islam. Es sei hier nur an die jahrhundertelangen europäischen Religionskriege und ihre blutigen Spuren im Nordir-

---

[3] Religiöser Fundamentalismus jeglicher, auch einheimischer, Provenienz muß durch den Gesetzgeber in Schranken gewiesen werden. Beispiele hierfür sind die Scientologen oder auch Jehowas Zeugen. Der letzteren Weigerung, Bluttransfusionen zuzulassen, weil nach ihrer Überzeugung das Blut der Sitz der Seele ist, kann z.B. bei Operationen von Kindern nicht hingenommen werden. Die Verweigerung des Status' einer Körperschaft des öffentlichem Rechts durch das BVG mit der Begründung, die Zeugen Jehowas lehnten die Beteiligung an demokratischen Wahlen ab, zeigt Möglichkeiten einer rechtlich-politischen Auseinandersetzung mit religiösem Fundamentalismus.

Multikulturalismus und Pluralismus werden durch das GG geschützt

land der Gegenwart erinnert[4]. Die häufige Praxis, „die europäische" oder gar „die deutsche Kultur" per Definition mit Humanität und Toleranz gleichzusetzen und sie mit der angeblich kollektiven Intoleranz außereuropäischer Kulturen zu kontrastieren, offenbart Gedächtnislücken. Sie blendet neben vielem anderen die Erinnerung an die Brutalität des europäischen Kolonialismus, an das Gemetzel zweier von Europa ausgehender Weltkriege und den grauenhaften Holocaust aus. Der republikanische Verfassungsstaat selbst war weder in Europa noch in Deutschland das unvermeidliche und logische, quasi genetisch vorgegebene Endergebnis der europäischen Geschichte und Kultur. Er mußte hier vielmehr erst in langen Kämpfen gegen die dominanten Überlieferungen durchgesetzt werden. In Deutschland bedurfte es hierzu in jüngster Zeit sogar noch der Hilfe der Alliierten. Die provinzielle und holzschnittartige Gegenüberstellung kollektiver europäischer Humanität und Toleranz mit der kollektiven Inhumanität und dem kollektiven Fanatismus außereuropäischer Kulturen hat einen sehr rationalen Kern. Es werden Bedrohungsängste geweckt und die Demokratiefähigkeit der Menschen außereuropäischer Kulturen geleugnet. Damit kann wiederum die Verweigerung des Bürgerrechts an „Fremde" legitimiert werden.

Die Integration in das Gemeinwesen, die über politische Identifikation mit dem Verfassungsstaat erfolgt, kann mit einer zweckrationaleren Haltung gegenüber dem eigenen Staat verbunden sein als im klassischen Nationalismus. Das eigene politische Gemeinwesen ist hier nicht der mythische Leib der Nation und Endzweck der Geschichte. Politische Gemeinschaften werden nicht als Selbstzweck, sondern als notwendiger Bedingungsrahmen für ein gutes Leben der Bürger wahrgenommen – das gute Leben, zu dem gerade auch die Freiheit der individuellen kulturellen Selbst-

---

[4] Es ist heute schon weitgehend vergessen, daß noch nach dem Zweiten Weltkrieg Protestanten im frankistischen Spanien der Bau von evangelischen Kirchen verboten war. In Skandinavien wurde die Zwangsmitgliedschaft der Bürger in der lutherischen Staatskirche erst nach dem Zweiten Weltkriege beendet. Der Jesuitenorden und andere katholische Organisationen wurden erst dann zugelassen.

bestimmung gehört. Angesichts der wahnhaften Emotionen und Weltsicht des Kultes der Nation ist ein solches nüchternes und zweckrationales Verhältnis zur politischen Gemeinschaft ein Fortschritt der Vernunft.

Kein Staat wurde am grünen Tisch geschaffen. Staaten bilden und verfestigen sich erst in ihrer eigenen Geschichte. Republiken entstehen nicht über Nacht. Sie begründen und entwickeln sich durch ihre eigenen Taten. Sie legitimieren sich aus einer Geschichte erfolgreicher Bewährung. Für die Entfaltung der Republiken in ihrer eigenen Geschichte müssen Recht und Freiheit und nicht die diffuse Vorstellungswelt einer trügerischen und tyrannischen kollektiven Nationalkultur die Pole und Identifikationskerne ihres Wachstums bilden.

Prof. Dr. Dr. h.c. Dieter Oberndörfer ist Direktor des Arnold-Bergstraesser-Instituts für kulturwissenschaftliche Forschung, Freiburg.

8. Echte und falsche Inländer

Vural Öger

Die Bundesrepublik hat in den 50er Jahren einen in der deutschen Geschichte beispiellosen Wirtschaftsaufschwung erfahren, der in der Bevölkerung zu einem noch nie dagewesenen Wohlstand geführt hat. Für die aufstrebende Wirtschaft kamen damals Flüchtlinge aus Ost- und Mitteldeutschland als Arbeitskräfte. Mit dem Mauerbau 1961 folgte ein abruptes Ende. Die Wirtschaft benötigte dringend neue Arbeitskräfte. Damals lud man Türken ein, weil man wirtschaftlich auf ihre Arbeitskraft angewiesen war. Hätte die damalige Regierung daran gedacht, dabei ein Rotationsprinzip einzuführen, so wären manche der heutigen sozialen Probleme nicht entstanden. So aber wurde der Familienzuzug gefördert, die türkischen Arbeiter holten Frauen und Kinder zu sich nach Deutschland und wurden hier ansässig. Man wollte Arbeiter, aber es waren Menschen gekommen. Und man brauchte viele Arbeiter. Der damalige Bundeskanzler Kiesinger betonte 1968, daß beide Völker tiefe Freundschaft verbände; man wünschte sich, daß noch mehr als die 150.000 in Deutschland lebenden Türken ins Land kämen.

Diese, auch in der Bevölkerung weit verbreitete, Meinung änderte sich schlagartig mit Beginn der Automatisierung von Produktionsprozessen. Spätestens seit der Ölkrise 1973 wandelte sich die wirtschaftliche Situation in der Bundesrepublik komplett. Von den 70er Jahren bis heute benötigte man immer weniger Arbeiter. Das Wirtschaftswachstum nahm rapide ab.

Die einstmals so dringend benötigten Arbeitskräfte wurden zu einer Belastung auf dem deutschen Arbeitsmarkt. In den 80er Jahren wurde diesen Menschen sogar Geld geboten, damit sie in die Türkei zurückgehen. Von der deutschen Regierung gab es von Anfang an wenig Hilfe, ein Konzept für eine vernünftige Integrationspolitik hat es nie gegeben.

Vural Öger

Unterdessen waren aber Realitäten entstanden: Bis heute leben rund 2,3 Mio. Menschen türkischer Abstammung in der Bundesrepublik, mittlerweile in der dritten Generation. Diese Menschen als Gastarbeiter zu bezeichnen, entspricht nicht mehr den Tatsachen. Jeder Rußlanddeutsche, dessen Vorfahren vor 200 bis 300 Jahren ausgewandert waren, erhält, ohne ein Wort deutsch zu sprechen, bei seiner Immigration sofort einen deutschen Paß. Ein türkischstämmiger Jugendlicher der dritten Generation, der in Deutschland Abitur macht, muß bis zu seinem 18. Lebensjahr warten, um einen Antrag stellen zu dürfen – er ist nicht schon bei Geburt automatischer Staatsbürger des Geburtslandes wie z. B. in den USA. Von Geburt an sich in seinem Geburtsland als Mensch zweiter Klasse zu fühlen, wie schrecklich muß das für einen jungen Menschen sein. Es ist höchste Zeit, daß die Politik den Realitäten folgt. Es muß dringend ein gesetzlicher Rahmen geschaffen werden.

Es kann unserer Gesellschaft nur zum Schaden gereichen, wenn eine große Mehrheit der hierzulande lebenden Ausländer dauerhaft ohne gleiche Rechte bleibt. 2,1 Millionen Ausländer gehen einer versicherungspflichtigen Beschäftigung nach, 240.000 Selbständige unter ihnen stellen 570.000 Arbeitsplätze. Die Finanzämter wie die Systeme der sozialen Sicherheit profitieren davon. Ohne Ausländer würden die Kosten der Einheit pro Kopf 300 Mark jährlich mehr betragen, hat der Innenminister von Schleswig-Holstein vorgerechnet.

Unsere Politik hat das lange nicht honorieren und auch nicht wahrnehmen wollen. Wenn sie jetzt Bedingungen für die Integration setzt, etwa die Verpflichtung zu Sprachkursen (die allerdings dann eingerichtet werden sollten) oder zu staatsbürgerlicher Ausbildung, getrost auch das Bekenntnis zu unserer Grundordnung, dann sind wir damit einverstanden. Auch über andere Einzelheiten des Regelwerks kann man reden, nur muß man leider festhalten: Es fehlt bis heute.

Nicht minder fehlen substantielle Gedanken über den Tag hinaus, an dem die Gesetzgebung des erleichterten Erwerbs der deutschen Staatsbürgerschaft in Kraft tritt. Die meisten der Immigran-

Echte und falsche Inländer

ten bringen nun einmal nicht das Bildungspotential der typischen deutschen Familie ein und sind Arbeiter. Ihre Kinder erfahren häufig Zurückweisung bei Ausbildung und Stellensuche. Sie finden längst nicht so selbstverständlich Anschluß an die Gesellschaft wie die Kinder von Immigration in den USA, die darauf durch Tradition ihrer Einwanderungspolitik und allgemeine Einsicht weit besser vorbereitet sind. Wer aber infolge dieser Fakten glaubt, sich in seinem Vorurteil bestätigen zu können, die Ausländer schaffen es nie, sich zu integrieren, muß sich durch eine Studie des Instituts der Deutschen Wirtschaft (27.10.1998) widerlegen lassen. Dort wird vorgerechnet:

Es gibt in der Bundesrepublik Deutschland 680.000 Kinder und Enkel der Zuwanderer aus Griechenland, Italien, Portugal, Spanien, der Türkei und auch dem früheren Jugoslawien. Zwar unterscheiden sich die Zahlen ihrer Integrationsdaten je nach Herkunftsland, sprechen aber eine deutliche Sprache. Es geht dabei um den Zeitraum von 1985 bis 1995.

1985: 33 bis 58 Prozent der Jugendlichen zwischen 15 und 24 Jahren hatten keinen Schulabschluß
1995: Das galt nur noch für 9 bis 14 Prozent!
Im selben Zeitraum sank der Anteil der ungelernten Arbeiter von 25 auf 16 Prozent.

Und es verdoppelte sich die Quote der einfachen Angestellten von vier auf acht Prozent. Es stieg die Zahl der mittleren und höheren Angestellten von drei auf zehn Prozent. Es steigerte sich der durchschnittliche Bruttomonatsverdienst um mehr als 40 Prozent auf 3.430 Mark.

Der Integrationswille jugendlicher Ausländer schlug sich auch in der Kriminalitätsstatistik nieder. Von 1993 bis 1997 sank die Zahl der tatverdächtigen Heranwachsenden um rund ein Viertel auf 85.000. Im gleichen Zeitraum stieg die Zahl der deutschen Tatverdächtigen um ein Drittel.

Mittlerweile lebt die dritte Generation türkischer Einwanderer in Deutschland. Ihre erste Umgangssprache ist zumeist Deutsch. Wir stoßen dabei auf ein Paradox: Bei den jungen Türken hat sich weitgehend ein Prozeß der Eindeutschung vollzogen, nicht allein sprachlich, sondern im sozialen Verhalten wie im Verhalten gegenüber dem Herkunftsland ihrer Eltern. Zugleich aber scheint die Ausgrenzung heftigere Formen anzunehmen, und die Unterschriftenaktion der Union gegen die doppelte Staatsbürgerschaft muß ich leider mit verantwortlich dafür machen. Ich teile die scharfe Kritik der Deutschen Bischofskonferenz, die den Christdemokraten eine zu gefährliche Emotionalisierung der Ausländerpolitik vorhielt.

Soziologen haben ermittelt, daß einem verbreiteten Vorurteil zufolge junge Türken „ganz anders" sind, also auch anders als Jugoslawen, Griechen oder Italiener. Dieses Vorurteil stellt sich nicht über das Aussehen, über die Sprache oder die Unfähigkeit zu korrekter Sprache, über Arbeitsmoral oder Eßgewohnheiten her, sondern über den Islam. Wenig hilft es augenscheinlich, daß die Republik Türkei ein laizistisches Staatsgebilde mit strikter Trennung von Staat und Religion ist, ein Land, in dem unterdes ein Drittel der Menschen nicht in die Moschee geht, und daß wir hier bei uns mehr als drei Jahrzehnte des Religionsfriedens haben. Allerdings stellen die Türken die weitaus größte Gruppe aller Ausländer dar, und an ihnen, bedingt verständlich, macht sich zuerst das allgemeine Vorurteil gegen „die Fremden" fest. Auf der Suche nach dem Merkmal für „Fremdheit" bietet sich der Islam an, der oft zu voreilig in die Nähe von Terrorismus gerückt wird. Auch hier hilft offenbar die Wirklichkeit nicht, auch wenn sie der Verfassungsschutz vorrechnet – wir haben rund drei Millionen Muslime. Davon sind etwa 15.000 Islamisten in der Nähe gottesstaatlicher Vorstellungen. Und circa 1.000 mögen extremistisch bis hin zur gewaltbereiten Durchsetzung ihrer Vorstellungen sein. Das wären dann drei Promille, und wir wissen, daß über diese mehr geredet und geschrieben wird als über die normale Islamgemeinde.

So ist auch die Wirklichkeit des türkischen Alltags in der Bundesrepublik allzu wenig bewußt. 1975 hatten wir knapp 100 türkische Unternehmer, jetzt sind es 47.000. Diese Zahl wird sich in 15 Jahren noch verdoppeln. 60.000 von den Arbeitsplätzen, die sie schufen, sind übrigens von Deutschen besetzt. Rund 70 Milliarden unseres Sozialprodukts werden von ihnen erwirtschaftet. Das alles ist nicht nur Statistik, sondern Beleg dafür, daß die Immigranten, ob legal oder sozial akzeptiert oder nicht, in einem beachtlichen Tempo mit dieser Gesellschaft verwachsen... und das sogar noch schneller, bei allen sonstigen Vorzügen der Immigrationspolitik der USA, als in den Vereinigten Staaten. Das ist ein Prozeß, von dem sich kein Mensch mehr vorstellen kann, er sei umkehrbar. Er ist Wirklichkeit.

Der zweite Entwurf des Bundesinnenministers vom 3. März 1999 zur Erleichterung der Einbürgerung nimmt starke Rücksicht auf den Widerstand in Teilen der Bevölkerung und der parlamentarischen Opposition gegen die erste Fassung und da besonders gegen die doppelte Staatsbürgerschaft. Zwar muß man letzten Endes mit Verständnis für das Bestreben der Regierung reagieren, einen möglichst breiten Konsens der Gesellschaft in dieser Frage herzustellen, zumal anstehende Landtagswahlen die Gewichtung im Bundesrat zuungunsten der Rot-Grün-Koalition verändern könnten. Dennoch nenne ich einige Argumente gegen die Gegner der doppelten Staatsbürgerschaft.

Am 5.2.1999 warnte der bayerische Innenminister Günther Beckstein (wie eine Reihe seiner Parteifreunde und wiederholt), ein großer türkischer Bevölkerungsanteil ließe sich nicht integrieren. Es sei mit Parallel-Gesellschaften und Ghetto-Bildungen zu rechnen. Hinzu käme die Gründung von Minderheitenparteien. Die von der Bundesregierung geplante Erleichterung der Staatsbürgerschaft führte ferner dazu, daß Kinder türkischer Eltern mit deutschem Paß ihre Erziehung und Schulbildung in der Türkei erhielten. Dann kämen sie mit 16 Jahren nach Deutschland, ohne die Sprache zu beherrschen und ohne Bindung an den europäischen Kulturkreis.

Die Sprache des Herrn Beckstein mag maßvoll wirken, die dahinter steckende Gedankenwelt ist es nicht. Hier wird ohne jeden Bezug zur Wirklichkeit Stimmung gemacht. Beckstein erläßt eine Warnung gegen die angeblich mit Privilegien gekoppelte Doppelstaatlichkeit, dazu noch falsch genutzte Privilegien.

Vural Öger

Auch das meistgebrauchte Argument gegen die doppelte Staatsbürgerschaft klingt an: Bürger mit zwei Nationalitäten gerieten in einen Loyalitätskonflikt. Dieses Argument jedoch zählt offenbar nicht für die rund zwei Millionen Deutschen mit einem zweiten Paß. Es zählt auch nicht in Ländern wie Frankreich, Großbritannien oder in den USA. Oder für deutschstämmige Aussiedler. Oder für den Welfenprinzen Ernst August von Hannover, der just Caroline von Monaco ehelichte. Der Prinz hat neben seine deutschen auch die britische Staatsangehörigkeit, und das erregt keinen.

Das Bundesverfassungsgericht hat unlängst entschieden, daß eine Deutsche bei Heirat die Staatsangehörigkeit ihres italienischen Mannes erwerben kann, ohne die deutsche zu verlieren. Damit ist der Weg in die doppelte Staatsangehörigkeit für alle Bundesbürger grundsätzlich offen.

Die doppelte Staatsangehörigkeit im Fall der Gesetzgebung für Migranten war aber nie das Ziel, sondern der Weg zur Integration. Sie ist psychologisch hilfreich für Immigranten, die jahrzehntelang zögerten, sich um die deutsche Staatsbürgerschaft zu bewerben, zumal das schwierig oder gar aussichtslos schien. Sie hilft bei einer für viele Individuen außergewöhnlichen Entscheidung, weil sie sich nicht brüsk von ihrer Herkunft trennen wollen. Sie nimmt damit auch Rücksicht auf die in vielen Jahren durch mangelnde Politik entstandene Verunsicherung. Sie kommt allen entgegen, bei denen ihr Herkunftsland entweder die ursprüngliche Staatsbürgerschaft nicht aberkennen will oder ihnen andere Probleme bereitet. Sie nimmt Rücksicht auf Neubürger, die mit der Rechtslage ihres Herkunftslandes weiter zu tun haben könnten (Erbrecht, Gründung von Unternehmen etc.).

Festhalten will ich noch, daß der Staat die doppelte Staatsbürgerschaft nicht verleihen kann, wie uns das irrender oder bewußt falscher Sprachgebrauch weismachen will. Er kann sie nur hinnehmen. Der doppelte Staatsbürger erhält auch keine besonderen Rechte. So wird etwa der Deutsch-Türke in der Bundesrepublik ausschließlich nach deutschem Recht behandelt, nicht zugleich nach türkischem. Gleichfalls hilft dem deutsch-türkischen Rückwanderer in der Türkei die deutsche Staatsangehörigkeit nichts.

Die Debatte um die doppelte Staatsbürgerschaft ist mithin weitgehend ein Phantom. Bei Rechten wie Pflichten entscheidet der hauptsächliche Wohnort (Wehrpflicht, Steuern, Wählen und Wählbarkeit).

Der zweite Gesetzentwurf des Innenministers Otto Schily hat, wie gesagt, das Verfahren eingeengt und einige Voraussetzungen verschärft. Darüber kann oder muß man streiten. So sollte der unverschuldete Bezug von Sozial- oder Arbeitslosenhilfe dem Einbürgerungsrecht nicht entgegenstehen. Andernfalls, sagt das Diakonische Werk der Evangelischen Kirche, wären Teile der älteren „Anwerbegeneration" aufgrund ihrer oft prekären Beschäftigungssituation oder niedrigen Renteneinkommen von Einbürgerungsansprüchen ausgenommen.

Doch auch wenn man in einzelnen Punkten des Gesetzesvorhabens andere Auffassungen hat, so entsteht doch etwas, was lange Zeit nicht möglich schien, und damit kann man leben und darauf kann man aufbauen. Worauf sich die Gedanken und die Moral unserer Gesellschaft jetzt zu konzentrieren haben, das ist das Terrain nach der legalen Integration.

Jetzt müssen wir uns darum kümmern, daß die große, millionenschwere Zahl der Neubürger es schafft, aufrichtig anerkannt, auf reale und praktische Art integriert zu werden und unsere Gesellschaft auf Selbstverständlichkeit und nicht länger hinterfragte Art bereichert. Jetzt müssen wir an den Alltag denken, der dem Gesetz folgt.

Vural Öger ist geschäftsführender Gesellschafter der Öger-Tours GmbH und Stifter der Deutsch-Türkischen-Stiftung (DTS).

9. Deutschland braucht Veränderungen

Cem Özdemir

Deutschland braucht im Zeitalter der Globalisierung tiefgreifende Veränderungen. Veränderungen nicht nur in der Politik, sondern vor allem auch in der Gesellschaft. Der Streit um den „Doppelpaß" sollte von der wahren Entscheidung, vor der die deutsche Gesellschaft heute steht, ablenken: Wer gehört eigentlich dazu?

Wie stark ist das Selbstbewußtsein der deutschen Nation als demokratische Gesellschaft und volkswirtschaftliche Größe? Wie können Bürger nichtdeutscher Herkunft, die in den letzten Jahrzehnten entscheidend zum Wohlstand und Reichtum dieses Landes beigetragen haben und längst ein Teil der Bevölkerung sind, in adäquater Weise in die gesellschaftlichen und politischen Rahmenbedingungen eingegliedert und integriert werden?

Dies sind meiner Meinung nach die entscheidenden Fragen, die man im Zusammenhang mit der Modernisierung des Staatsangehörigkeitsrechts stellen muß.

Rückblick

In den sechziger Jahren, den Zeiten des Wirtschaftswunders, verfolgte die Bundesrepublik eine liberale und weltoffene Ausländerpolitik, die die Einreise und den Aufenthalt von Ausländerinnen und Ausländern erleichtern sollte. Dies geschah nicht ohne Hintergedanken. Staatliche Belange waren in hohem Maße wirtschaftlich bestimmt – Ausländerpolitik war weitgehend Arbeitsmarktpolitik. Die Bundesrepublik warb sich sogenannte 'Gastarbeiter' aus Mittelmeerländern an, um diese als 'Konjunkturpuffer' einzusetzen. Solange die Wirtschaft boomte und Kräfte benötigt wurden, waren die 'Fremden' geduldet. Wenn es aber auf dem Arbeitsmarkt eng wurde, sollten sie Deutschland schnell wieder verlassen. Diese Rechnung ging nur teilweise auf. Denn je länger diese Menschen in

Deutschland in Lohn und Brot standen, desto enger und vertrauter wurden die Bindungen an die 'neue Heimat'. Demzufolge sank die Quote der Rückkehrer. Gleichzeitig wurden Familien 'nachgeholt' und urplötzlich erblickte die zweite Generation das Licht der Welt nicht mehr in Istanbul, Lissabon oder Athen, sondern in Duisburg, Krefeld oder Essen. Die Bundesrepublik war auf dem besten Weg, eine Einwanderungsgesellschaft zu werden.

In den folgenden Jahren wurden die Augen vor dieser Realität konsequent verschlossen, d. h. die Integration der hier lebenden Nichtdeutschen nur marginal befördert. Lebten 1973 ca. 3,9 Millionen Ausländer in Deutschland, so sind es mittlerweile 7,3 Millionen geworden. Hierbei von einer Randgruppe zu sprechen, für die keine besonderen Integrationsmaßnahmen zu erbringen wären, scheint mir vermessen zu sein.

Aus dem 1973 eingeführten Vermittlungs- und Anwerbestop wurde migrationspolitisch gesehen ein Bumerang. Zwar wurde eine weitere Anwerbung verhindert, doch zu einem Rückgang der ausländischen Bevölkerung führte er nicht – im Gegenteil. Wollten sich viele der Betroffenen mit dem Ersparten zu Hause eine Existenz aufbauen, waren sie nun unumkehrbar in der Bundesrepublik angekommen, da eine Rückkehr ins Heimatland ein Einreise- und Arbeitsverbot in Deutschland nach sich gezogen hätte. Die Gastarbeiter waren vor die Alternative gestellt: Rückkehr oder Verbleib und Nachzug der Familien. Die meisten entschieden sich für letzteres, da sie ihre Chance auf ein gesichertes Einkommen nicht verspielen wollten. Die 'staatliche Steuerung' war faktisch gescheitert! Indem der Anwerbestop die Fluktuation und Mobilität der ausländischen Arbeitnehmer verhinderte, durchkreuzte er deren Lebensplanung und verhinderte eine Rückkehr der 'Fremden' in ihre alte Heimat.

Notwendige Integrationsmaßnahmen

An diesem Punkt setzt meine Kritik an. Ab dem Zeitpunkt, an dem sich die Zusammensetzung der 'Ausländerbevölkerung' än-

Deutschland braucht Veränderungen

derte und aufgrund des Zuzugs von Ehegatten, Kindern oder Geburten die Zahl der Nicht-Erwerbstätigen anstieg, fehlte von deutscher Seite die Bereitschaft, die neuen Bürger in diese Gesellschaft zu integrieren und einzubinden. Ausländer- und Migrationspolitik blieb auf die Arbeitsmarktpolitik beschränkt und war damit blind für die gesellschaftlichen Folgen und die Belange der Betroffenen auf beiden Seiten. Die Bundesrepublik verschloß die Augen vor dem, was sich in ihr vollzog: Seit Abschluß des ersten Anwerbeabkommens ist Deutschland objektiv zum Einwanderungsland geworden. Wahrhaben will dies so mancher bis heute noch nicht.

Wie kann man nun aber, eigentlich 25 Jahre zu spät, die Integration der hier lebenden, hier geborenen und hier verwurzelten Menschen nichtdeutscher Herkunft vorantreiben?

Seit dem Machtwechsel in Bonn im September 1998 ist der erste Teil eines umfassenden Integrationspakets auf den Weg gebracht. Mit der Änderung des bislang geltenden Reichs- und Staatsangehörigkeitsrechts, datierend aus dem 1913, ist der Koalition aus SPD und Grünen ein erster, wichtiger Schritt in die richtige Richtung gelungen.

Das in der französischen Verfassung von 1791 erstmalig geschaffene Staatsbürgerrecht beruht auf der Vorstellung des Territorialprinzips, dem IUS SOLI. Dies galt, unter französischem Einfluß, zunächst auch in Deutschland, wurde aber nach den Befreiungskriegen wieder abgeschafft und durch das Blutsprinzip, das IUS SANGUINIS, ersetzt. Damit war Deutscher, wer von Deutschen abstammte oder durch staatliches Ermessen die deutsche Staatsbürgerschaft erlangte. Dieses 'Recht des Blutes' wurde auch in dem noch bis 31.12.1999 gültigen Reichs- und Staatsangehörigkeitsgesetz festgeschrieben und somit zum Kern des deutschen Staatsangehörigkeitsrechts.

Wie soll man jetzt aber mit 'Fremden' verschiedenster Couleur umgehen? Denn fremd ist nicht gleich fremd in diesem Land. Beispielsweise werden Nachkommen Rußlanddeutscher, deren Vorfahren schon vor Jahrhunderten aus Deutschland ausgewandert sind und in der Regel keinen Bezug mehr zu diesem Land haben, rechtlich als deutsche Staatsbürger eingestuft, wohingegen eine italienische, türkische oder portugiesische Familie, die vielleicht schon seit 30 Jahren hier lebt, arbeitet und Steuern bezahlt, noch immer als Menschen zweiter, wenn nicht dritter Klasse, behandelt wird. Diese Diskrepanz zwischen Bevölkerung und tatsächlichen Staatsbürgern stimmt mich sehr nachdenklich. Aus diesem Grunde habe ich mich vehement dafür eingesetzt, daß diese überholte Vorstellung des Abstammungsprinzips so schnell wie möglich auf den Haufen der Geschichte geworfen wird und endlich der Realität angepaßt wird. Die Vereinigten Staaten haben es uns in dieser Beziehung vorgemacht. Amerikanischer Staatsbürger ist (unter anderem auch), wer in den USA geboren ist, egal ob die Eltern nun aus Asien, Afrika oder Europa stammen.

Ich denke, daß es für ein modernes Demokratieverständnis in einer Welt, in der die Grenzen ohnehin fließender und das 'global village' immer präsenter wird, unabdingbar ist, das Abstammungsprinzip durch das Territorialprinzip zu ergänzen. Damit soll deutlich werden, daß die in Deutschland lebenden Menschen nichtdeutscher Herkunft dazugehören und fester Teil dieser Gesellschaft sind. Die Änderung des bislang geltenden Staatsbürgerschaftsrechts ist dabei nur ein erster Schritt auf dem Weg zur Integration.

Die Ängste und Befürchtungen der Deutschen mit 'ihren' Ausländern erlebe ich täglich. „Wenn die jetzt auch noch Deutsche werden, dann nehmen die uns erst recht die Arbeitsplätze weg oder arbeiten gleich gar nicht mehr. Außerdem sind die ja alle kriminell und tragen Kopftücher und Vollbärte. Deutschland wird islamistisch!" Das sind nur einige Auszüge aus Briefen und Telefongesprächen, die in letzter Zeit verstärkt in meinem Büro eingehen und mit denen man sich befassen muß. Daß es unter den neuen InländerInnen sicherlich schwarze Schafe gibt, steht außer Frage. Letztendlich ist das aber eine geringe Minderheit, die es ebenso unter Deutschen gibt. Für mich ist vielmehr wichtig, daß es den in Deutschland lebenden Menschen ausländischer Herkunft ermöglicht wird, alle Rechte und Pflichten in Anspruch zu nehmen, die der normale Deutsche auch besitzt. Dafür müssen natürlich bestimmte Voraussetzungen erfüllt sein. Deutsche Sprachkenntnisse, ein Bekenntnis zur Wertordnung der Bundesrepublik und Straffreiheit sind neben einer Mindestaufenthaltsdauer selbstverständliche Voraussetzungen für das Erlangen der deutschen Staatsangehörigkeit. Zuwanderer der ersten und zweiten Generation erfüllen diese Bedingungen meist allemal. Warum soll diesen Menschen, die ihren Lebensmittelpunkt in Deutschland gefunden haben, die hier arbeiten, Steuern zahlen und versuchen, sich in die Gesellschaft einzugliedern, dieser letzte Schritt verwehrt werden. Viele von ihnen sind hier geboren, sprechen besser Deutsch als die Sprache der Eltern und kennen ihre angebliche 'Heimat' nur aus Urlauben oder von Fotos. Diese Menschen haben eine klare Identität. Sie wissen, woher sie kommen und wohin sie gehören: Sie sind InländerInnen.

Dabei sollte aber nicht verschwiegen werden, daß diese Menschen noch keinen Verwurzelungsprozeß in der deutschen Gesellschaft miterlebt haben. Die deutsche Gesellschaft hat es ihnen bislang nicht ermöglicht und die Betroffenen haben von sich aus keine Initiative in dieser Richtung ergriffen. Aus diesem Punkt resultiert das Ressentiment mancher Deutscher ausländischen Mitbürgern gegenüber: „Die 'Fremden' leben doch in ihrer eigenen Welt, haben eigene Vereine und bleiben immer unter sich. Die wollen sich gar nicht anpassen", heißt es landläufig. Diese Einstellung halte ich für falsch.

Integration fängt im Alltag an

Unbestritten ist, daß sich allerortens Gruppen mit Nichtdeutschen bilden, in denen man unter sich ist. Doch stellt sich hierbei die Frage, wo die Ursachen dafür liegen. Meiner Meinung nach schöpfen die Menschen, die von der Mehrheit der Deutschen nicht als ihresgleichen akzeptiert werden, ihr Selbstbewußtsein und ihr Zusammengehörigkeitsgefühl aus Kontakten, die sie zu 'Schicksalsgenossen' aufgebaut haben und die das gleich Schicksal teilen. Durch Abschottung nach außen ruft die Gesellschaft solche Reaktionen zwangsläufig hervor. Hier ist der Punkt, an dem wir ansetzen müssen. Deutsche und Nichtdeutsche müssen Gemeinsamkeiten und Verständnis füreinander entwickeln und sich nicht in Ablehnung und Antipathie begegnen. Eine wichtige Rolle spielen in diesem Zusammenhang die Medien. Warum gibt es z. B. keinen deutsch-türkischen Fernseh- oder Radiosender nach Vorbild des zweisprachigen Kulturkanals ARTE? Wieso wird von seiten der Presse nicht auf den Informationsbedarf türkischer MitbürgerInnen eingegangen und eine in Deutschland verlegte, propagandafrei berichtende Tageszeitung herausgegeben? Folge davon ist doch wiederum nur, daß 'türkische Deutsche' ihre türkischen Fernsehsender via Satellit empfangen oder sich die türkische, oftmals nationalistische Presse zu Gemüte führen. Das ist keine Integration. Klar ist, daß sich beide Seiten bewegen müssen. Aber es fehlen von deutscher Seite Angebote, die den Menschen zeigen, daß sie nicht unerwünscht oder geduldet sind, sondern gleichwertige Bürger dieses Landes sind.

Hilfreich wäre dabei auch die vermehrte Hinnahme der doppelten Staatsbürgerschaft. Wie soll sich jemand ohne Wenn und Aber für Deutschland und gegen die Türkei entscheiden, wenn er in diesem Land jahrelang als minderwertig und nicht gleichberechtigt eingestuft und behandelt wurde. Was ist mit der ersten Generation der Einwanderer, die, teilweise schon im Rentenalter, jetzt plötzlich nur noch Deutsche sein sollen? Dies ist meines Erachtens nicht nur eine politische Frage, sondern auch eine Frage des Anstands. Man kann doch nicht jemandem, der zwar viele Jahre in Deutschland gelebt hat, aufgrund gesellschaftlicher und politischer Vorgaben aber nie als Deutscher anerkannt war, seine kulturellen und emotionalen Bindungen kappen, nur damit das rechtliche Problem gelöst ist.

Wie geht's weiter?

„No taxation without representation" oder „one man – one vote" waren Schlagworte, die uns die amerikanische Geschichte gelehrt hat, und die Eingang in deren politisches und gesellschaftliches Verständnis gefunden haben. Der Bundesrepublik Deutschland muß es gelingen, dies ebenfalls gesetzlich zu verankern, will sie modern, fortschrittlich und demokratisch bleiben. Trotz allem sollte man nicht vergessen, daß ein Gesetz allein noch keine Integration gewährleisten kann. Gefragt sind Verständnis und Toleranz Menschen ausländischer Herkunft gegenüber. Denn nur im alltäglichen, gemeinsamen Miteinander liegt die Lösung für einen angemessenen Umgang aller in Deutschland lebenden Bürger.

Cem Özdemir, MdB-Bündnis 90/Die Grünen, ist innenpolitischer Sprecher der Bundestagsfraktion Bündnis 90/Die Grünen

10. Mehrstaatigkeit in Deutschland – ein dauerndes Übel?

Günter Renner

Über die Geschichte der Zuwanderung von Ausländern nach Deutschland läßt sich trefflich streiten. Die Frage, ob aus ehemaligen „Gastarbeitern" oder zumindest aus ihren Kindern und Enkeln Einwanderer geworden sind, kann akademische Zirkel ebenso ernsthaft und andauernd beschäftigen wie Gedenkfeiern und Parteitage. Bei Diskussionen über Aufenthalt oder Asyl stoßen meist festgefügte Überzeugungen aufeinander, und Debatten über Integration enden oft in mehr oder weniger polemischen Auseinandersetzungen über die Kriminalitätsbelastung der ausländischen Bevölkerung oder die unheilvollen Erscheinungen eines fundamentalistischen Islams. Ihren Höhepunkt aber erreichen alle Argumente und der Hang zur Grundsätzlichkeit bei der öffentlichen Auseinandersetzung über Form und Inhalt einer Reform des deutschen Staatsangehörigkeitsrechts.

1. Staatsangehörigkeit – Prüfstein für Deutsche wie Ausländer

Eigentlich kann dies nicht verwundern. Schließlich erfolgt die Weichenstellung für die Zukunft der Ausländer in Deutschland über die Staatsangehörigkeit. Nach den grundlegenden Änderungen des Ausländerrechts von 1990/91 und des Asylrechts von 1992/93 steht jetzt eine Totalrevision des Staatsangehörigkeitsrechts auf der Tagesordnung. Ob sie nicht nur in Angriff genommen wird, sondern auch gelingt, wird nicht zuletzt von der Qualität des vorangehenden gesellschaftlichen Dialogs abhängen. Und dazu gehört ein gründlicher politischer Disput über die Ziele eines derartigen Vorhabens. Nicht die juristischen Wege, sondern die angestrebten

Ergebnisse müssen der Öffentlichkeit und vor allem den Betroffenen vor Augen geführt werden, damit sie die Debatte sachverständig begleiten und ihre jeweiligen Interessen formulieren können.[1] Kampagnen wie die Unterschriftenaktion gegen den „Doppelpaß" tragen gewiß nicht zu dieser dringend erforderlichen sachlichen Auseinandersetzung bei, sie rühren lediglich Emotionen auf und verhindern die notwendigen Bewußtseinsveränderungen bei Deutschen wie bei Ausländern.

Läßt man einmal vordergründige Schlagwörter beiseite und betrachtet man die dahinter stehenden politischen Grundlagen, wird deutlich, daß hier fundamentale Fragen der staatlichen Existenz zu entscheiden sind und nicht nur marginale Probleme eines besseren Einbürgerungsverfahrens. Staatsangehörigkeitsrecht ist kein Gegenstand von Tagespolitik, sondern bestimmt die Zukunft der nächsten Jahrzehnte mit. Neben Einzelfragen der Einbürgerung sind in den letzten Jahren immer mehr die Fundamente des Staatsangehörigkeitsrechts in die Diskussion geraten. Die Wiederherstellung der deutschen Einheit und das Zusammenwachsen Europas zwingen zur Besinnung auf die politischen Werte, die unseren Staat ausmachen. Von Bedeutung sind nicht das Alter des Reichs- und Staatsangehörigkeitsgesetzes von 1913 (RuStAG)[2] und seine teilweise überholten Begriffe und Ausdrucksweisen. In Rede stehen auch nicht mehr nur Verbesserungen für die eine oder andere Gruppe Einbürgerungswilliger. Es geht vielmehr um die Wiederherstellung einer möglichst weitreichenden Kongruenz zwischen der dauernd in Deutschland lebenden Wohnbevölkerung, gleich welcher Herkunft, und der politisch verantwortlichen Stimmbürgerschaft[3]

---

[1] Hierzu haben nicht zuletzt wiederholt die christlichen Kirchen aufgerufen; vgl. nur das 1997 vom Kirchenamt der Evangelischen Kirche in Deutschland und dem Sekretariat der Deutschen Bischofskonferenz in Zusammenarbeit mit der Arbeitsgemeinschaft der Christlichen Kirchen in Deutschland herausgegebene Gemeinsame Wort „... und der Fremdling, der in deinen Toren ist."

[2] Vom 22.7.1913 (RGBl. S. 583), zuletzt geändert durch Ges. vom 16.12.1997 (BGBl. I 2942).

[3] Vgl. dazu BVerfGE 83, 37 = EZAR 361 Nr. 3 u. Anm. *Franz*, ZAR 1991, 40.

Mehrstaatigkeit in Deutschland – ein dauerndes Übel?

und damit letztlich um das staatliche Selbstverständnis Deutschlands in einer veränderten Welt.

Die Staatsangehörigkeit bleibt nicht unberührt von den Veränderungen im Staatengefüge. Im Gegenteil: Sie wird in besonderer Weise betroffen durch die Modifikationen, denen das System der Staaten nach dem Ende des Kolonialismus und jetzt nach dem Ende der Ost-West-Konfrontation unterworfen ist. Sicherlich hat bisweilen schon die Trennschärfe der Staatsangehörigkeit abgenommen, und sehr wahrscheinlich wird sie am Ende der politischen Einigung Europas ihre Bedeutung innerhalb Europas verloren haben. Möglicherweise wird sie auch sonst einen Teil ihrer bisher unverrückbaren Prinzipien einbüßen. Ganz gewiß wird sie aber in den nächsten Jahrzehnten ebensowenig überflüssig werden wie die Staaten selbst.[4]

Welchen Stellenwert innerhalb dieser Entwicklung in Zukunft Mehrstaatigkeit einnehmen wird, kann nicht sicher eingeschätzt werden. Verläßliche Aussagen über die Fortentwicklung und die Auswirkungen der jetzt in Angriff genommenen Reformen sind allerdings ohne einen wenigstens gerafften Überblick über die aktuelle Rechtslage und ihre Entstehungsgeschichte kaum möglich, zumal die historische Entwicklung noch facettenreicher ist als das geltende Recht selbst. Bei isolierter Erörterung der zu Mehrstaatigkeit führenden Fallkonstellationen würde der Gesamtzusammenhang des Staatsangehörigkeitsrechts vernachlässigt. Deshalb dürfen auch nicht einseitig nur die Regeln über den Erwerb der deutschen Staatsangehörigkeit in den Blick genommen werden, für eine umfassende Würdigung müssen vielmehr auch die Verlustgründe in die Betrachtung einbezogen werden. Schließlich darf nicht außer acht gelassen werden, daß mehrfache Staatsangehörigkeit nicht auf Doppelstaatigkeit beschränkt ist, sondern tendenziell unbegrenzte Mehrstaatigkeit bedeutet und daß über Entstehen und Fortbestehen von Mehrstaatigkeit nicht allein das deutsche Recht

---

[4] Dazu allg. *Renner*, Wozu noch Staatsangehörigkeit?, hrsg. vom Ausländerbeauftragten der Landesregierung Thüringen, 1995; *Saladin*, Wozu noch Staaten?, 1995.

entscheidet, sondern auch die Rechtsordnung des anderen beteiligten Staats oder der anderen beteiligten Staaten.

2. Mehrstaatigkeit in Deutschland

Entstehen und Fortbestehen von Mehrstaatigkeit werden maßgeblich durch die Art und die Wirkungsweise der innerstaatlichen Gründe für den Erwerb und den Verlust der Staatsangehörigkeit beeinflußt. Die in Deutschland herkömmlich geltenden Erwerbsgründe[5] lassen sich grob unterteilen in die Abstammung von einem Deutschen (ius sanguinis) und ähnliche gesetzliche Tatbestände sowie die Einbürgerung kraft Verwaltungsakts. Wer von einem deutschen Elternteil abstammt, wird mit der Geburt ohne Rücksicht auf den Geburtsort deutscher Staatsangehöriger; besitzt bei einem nichtehelichen Kind nur der Vater die deutsche Staatsangehörigkeit, bedarf es zur Geltendmachung des Erwerbs einer zuvor nach den deutschen Gesetzen wirksamen Feststellung der Vaterschaft (§ 4 I RuStAG). Kraft Gesetzes erwerben die deutsche Staatsangehörigkeit auch das infolge nachfolgender Eheschließung durch einen Deutschen legitimierte Kind (§ 5 RuStAG)[6] und das von einem Deutschen adoptierte Kind unter 18 Jahren (§ 6 RuStAG). Diese beiden Erwerbstatbestände fußen ebenso auf dem Ius-sanguinis-Prinzip wie das Auffinden eines Findelkindes auf deutschem Staatsgebiet (§ 4 II RuStAG).[7] Unmittelbar auf Verfassungsrecht beruhen die Nichtigkeit der Ausbürgerung politisch Verfolgter und deren Anspruch auf Wiedereinbürgerung (Art. 116 II GG) sowie der Erwerb der Eigenschaft eines Deutschen ohne deutsche Staatsangehörigkeit durch einen in Deutschland auf-

---

[5] Übersicht bei *Hailbronner/Renner*, Staatsangehörigkeitsrecht, 2. Aufl., 1998, § 3 RuStAG Rn. 4-15.

[6] Mit Wirkung vom 1.7.1998 betr. Legitimation aufgehoben und durch ein Erklärungsrecht für vor dem 1.7.1993 geborene Kinder ersetzt durch Kindschaftsreformgesetz vom 16.12.1997 (BGBl. I 2942); dazu näher *Hailbronner/Renner* (Fn. 5), Einl. D Rn. 17; § 5 RuStAG Rn. 1, 22-24.

[7] *Hailbronner/Renner* (Fn. 5), § 4 RuStAG Rn. 38; *Marx*, Staatsangehörigkeitsrecht, 1997, § 4 RuStAG Rn. 50..

Mehrstaatigkeit in Deutschland – ein dauerndes Übel?

genommenen volksdeutschen Vertriebenen oder Flüchtling oder seine Ehegatten oder Abkömmling (Art. 116 I GG). Die letztere Personengruppe verfügt zudem über einen Rechtsanspruch auf Einbürgerung ohne weitere Voraussetzungen (§ 6 StAngRegG[8]). Im übrigen erfolgen Einbürgerungen aufgrund der Ermessensnorm des § 8 RuStAG oder des Rechtsanspruchs des Deutschverheirateten nach § 9 RuStAG oder aber aufgrund der Rechtsansprüche der §§ 85, 86 AuslG, die seit 1991 die Einbürgerung lange in Deutschland lebender älterer oder hier aufgewachsener junger Ausländer ermöglichen.[9]

Das danach in Deutschland wie in den meisten Staaten der Welt herrschende Abstammungsprinzip geht auf eine bewußte Entscheidung des Gesetzgebers zurück, der Bestrebungen zur Einführung des Ius-soli-Prinzips bei den parlamentarischen Beratungen des RuStAG von 1913 strikt verwarf.[10] Die Verhinderung von Mehrstaatigkeit spielte damals bei den Erwerbs- wie bei den Verlustgründen keine große Rolle. Zuvor hatte die Staatsangehörigkeit eingebüßt, wer sich ständig im Ausland niedergelassen und sich nicht jährlich in die Matrikel der Auslandsvertretung hatte eintragen lassen.[11] Mit dem RuStAG von 1913 wurde dann die noch jetzt geltende Vorschrift des § 25 geschaffen, wonach der deutschen Staatsangehörigkeit vorbehaltlich einer Genehmigung zur Beibehaltung verlustig geht, wer aufgrund eines Antrags eine fremde Staatsangehörigkeit erwirbt, im Inland aber weder seinen Wohnsitz noch seinen dauernden Aufenthalt hat. Mit dieser Regelung kommt der gesetzgeberische Wille, mehrfache Staatsangehörigkeit möglichst zu verhindern, deutlich zum Ausdruck, wenn auch nur auf der Seite des Verlusts und nicht auf der Seite des Erwerbs.

---

[8] Gesetz zur Regelung von Fragen der Staatsangehörigkeit vom 22.2.1995 (BGBl. I 65), zuletzt geändert durch Ges. vom 18.7.1979 (BGBl. I 1061).
[9] Ausländergesetz vom 9.7.1990 (BGBl. I 1354); die ursprünglich in §§85, 86 enthaltene Beschränkung „in der Regel" wurden mit Wirkung vom 1.7.1993 gestrichen durch Ges. vom 30.6.1993 (BGBl. I 1062).
[10] Dazu *von Mangoldt*, StAZ 1994, 33.
[11] Vgl. *Hailbronner/Renner* (Fn. 5), Einl. B Rn. 8.

Diese grundsätzliche Ausgangslage ist durch das Grundgesetz nicht verändert worden. Die deutsche Verfassung äußert sich nicht zu den Erwerbssystemen des ius sanguinis und des ius soli sowie zur Zulässigkeit von Mehrstaatigkeit.[12] Insoweit steht unsere Verfassung im Einklang mit dem allgemeinen Völkerrecht, das weder ein bestimmtes Erwerbs- oder Verlustprinzip vorschreibt noch generell die Häufung von Staatsangehörigkeiten verbietet.[13] Ein Vergleich mit anderen Staaten widerlegt auch die These, das ius soli sei einer Republik angemessener als das ius sanguinis.[14] Keines der beiden Prinzipien kann einer bestimmten Staatsform zugeordnet werden. Beide sind nicht notwendig mit einer bestimmten Ideologie verbunden. Beide können interessengerecht und problembezogen ausgestaltet werden, ohne in die Gefahr zu geraten, nationalistischen oder anderen sachfremden Zwecken untergeordnet zu werden.

Das völker- und verfassungsrechtlich akzeptierte Nebeneinander beider Erwerbsprinzipien ist aber zusammen mit der zunehmenden Flexibilisierung der Lebensverhältnisse und der allmählich in der Mehrzahl der Staaten durchgesetzten staatsangehörigkeitsrechtlichen Selbständigkeit der Frau verantwortlich für die rapide Zunahme mehrfacher Staatsangehörigkeit in den letzten Jahrzehnten.[15] In diesem Zusammenhang ist daran zu erinnern, daß das Abgehen von der Monostaatigkeit – gleichgültig, aufgrund welchen Systems und aufgrund welcher Regeln – tendenziell nicht nur Doppelstaatigkeit verursacht, sondern darüber hinausgehende Mehrstaatigkeit. Es versteht sich aber von selbst, daß eine mehr oder weniger beliebige Vervielfältigung von Staatsangehörigkeiten in einer Person weder dem einzelnen noch den Staaten dienlich sein kann. Eine solche Entwicklung würde die Staatsangehörig-

---

[12] *Hailbronner/Renner* (Fn. 5), Art. 16 GG Rn. 10-12; *Renner*, NJ 1999, 230.
[13] *Hailbronner/Renner* (Fn. 5), Einl. F Rn. 1-9 m.w.N.
[14] Zu Frankreich vgl. näher: *Brubaker*, Staats-Bürger, 1994; *Hagedorn*, ZAR 1999, 3; *Weber*, ZAR 1995, 147.
[15] Vgl. auch *Renner*, ZAR 1993, 18; *ders.*, FamRZ 1994, 865.

Mehrstaatigkeit in Deutschland – ein dauerndes Übel?

keit letztlich ihrer Funktion der Zuordnung und Abgrenzung berauben[16] und gleichzeitig das System verfaßter Staaten auflösen.

Auch außerhalb des Verfassungsrechts änderte sich in der Nachkriegszeit die Einstellung gegenüber Abstammungsprinzip und Monostaatigkeit zunächst nicht. Erst mit der Ratifizierung des Europarats- Übereinkommens von 1963 über die Verringerung der Mehrstaatigkeit und über die Wehrpflicht von Mehrstaatern im Jahre 1969 durch die BR Deutschland[17] bahnte sich eine grundlegende Wende an. Fortan verlor ein Deutscher, auch wenn er im Inland ansässig war, durch den antragsgemäßen Erwerb der Staatsangehörigkeit eines anderen Vertragsstaats (inzwischen sind es derer 13) seine deutsche Staatsangehörigkeit. Dieser Vertragsklausel kommt zwar für die Erwerbsseite keine Bedeutung zu, sie verbietet also nicht die Hinnahme von Mehrstaatigkeit bei der Einbürgerung.[18] Die damit begonnene Kursänderung des innerstaatlichen Rechts wurde aber im Zusammenhang mit der ebenfalls 1969/70 erfolgten Einführung des Einbürgerungsanspruchs für Ehegatten Deutscher (§ 9 RuStAG)[19] deutlich markiert; denn dieser Rechtsanspruch wurde vom Verlust oder der Aufgabe der bisherigen Staatsangehörigkeit abhängig gemacht. Damit war erstmals in Deutschland die Vermeidung von Mehrstaatigkeit bei der Einbürgerung gesetzlich festgeschrieben, und zwar nicht nur als Prinzip oder als Regel, sondern zwingend und ausnahmslos.

Die bundeseinheitlichen Einbürgerungsrichtlinien (EbRL) von 1977[20] weiteten den Geltungsbereich dieses „rechtspolitischen

---

[16] Dazu näher *Renner*, „Erste Anmerkungen zur Reform des Staatsangehörigkeitsrechts", in: *Barwig u.a.* (Hrsg.), Neue Regierung – neue Ausländerpolitik, S. 81 ff. (erscheint im Sommer 1999).
[17] Übereinkommen vom 6.5.1963 (BGBl. 1969 II 1954), ratifiziert durch Ges. vom 29.9.1969 (BGBl. II 1953), zuletzt geändert durch Ges. vom 20.12.1974 (BGBl. I 3714).
[18] Dazu noch zT aA *Hailbronner*, Einbürgerung von Wanderarbeitnehmern und doppelte Staatsangehörigkeit, 1992, S. 43 ff.
[19] Ges. vom 8.9.1969 (BGBl. I 1581).
[20] Vom 1.7.1977 (GMBl. 1978, 16), zuletzt geändert am 7.3.1989 (GMBl. S. 195).

Ordnungsprinzips" (Nr. 5.3.3 EbRL) erheblich aus, indem sie es auch für die Ermessenseinbürgerung (§ 8 RuStAG) – wenn auch mit zahlreichen Ausnahmen versehen – verbindlich machten (Nr. 5.3 EbRL). Auf dieser Grundlage entwickelte sich die Verwaltungspraxis der letzten zwei Jahrzehnte, die sich zudem darauf stützen konnte, daß Mehrstaatigkeit im Völkerrecht und im Verkehr der Staaten untereinander ganz überwiegend als Übel angesehen wurde. Denn sie verursacht für den einzelnen wie für die Staaten vielfältige Schwierigkeiten im Bereich von Steuer- und Wehrpflicht, im Internationalen Privatrecht, beim diplomatischen Schutz und bei Minderheitenrechten und kann zu Loyalitätskonflikten führen.[21]

Der Grundsatz der möglichst weitgehenden Vermeidung von Mehrstaatigkeit wurde schließlich vom Gesetzgeber bestätigt, als mit der Ausländerrechtsreform von 1990/91 die Einbürgerung älterer Ausländer mit langem Aufenthalt und hier aufgewachsener jüngerer Ausländer spürbar erleichtert wurde.[22] Die inzwischen in strikte Anspruchstatbestände umgewandelten Vorschriften[23] verlangen grundsätzlich den Verlust oder die Aufgabe der bisherigen Staatsangehörigkeit und lassen Ausnahmen hiervon nur in etwa demselben Umfang zu wie die EbRL (§§ 85 bis 87 AuslG). Verhinderung von Mehrstaatigkeit als gesetzliche Zielvorgabe der Einbürgerung kennt das deutsche Recht mithin erst seit 25 Jahren – für das Staatsangehörigkeitsrecht ein sehr kurzer Zeitraum. Außerdem ist dieses Prinzip gesetzlich nur für drei Fallgruppen verankert, nämlich für Deutschverheiratete, für hier aufgewachsene junge und für lange hier lebende Ausländer.

Eine hiervon teilweise abweichende Entwicklung hatte das Staatsbürgerschaftsrecht der DDR zu verzeichnen. Das Staatsbürgerschaftsgesetz von 1967[24] nahm erstmalig in Deutschland in § 6 I das Ius-soli-Prinzip auf. Danach erwarb durch Geburt auf dem

---

[21] Dazu zusammenfassend und m.w.N. *Hailbronner*, ZAR 1999, 51.
[22] Ges. vom 9.7.1990 (BGBl. I 1354).
[23] Durch Ges. vom 30.6.1993 (BGBl. I 1062).
[24] Vom 20.2.1967 (GBl. DDR S. 3).

Mehrstaatigkeit in Deutschland – ein dauerndes Übel?

Territorium der DDR die Staatsbürgerschaft, wer durch seine Geburt keine andere Staatsangehörigkeit erhielt. Diese Regelung hat zahlenmäßig gewiß keine besondere Bedeutung erlangt, sie sollte aber für Rechtstheorie und -praxis nicht in Vergessenheit geraten, war sie doch Ausdruck eines offenbar vorhandenen Rechtsverständnisses, das System der Erwerbsgründe könne durchaus mit Elementen des ius soli angereichert werden, wenn es einem allgemein anerkannten Ziel wie dem der Verhinderung von Staatenlosigkeit diene. Dabei handelte es sich keineswegs nur um eine historisch interessante Kuriosität, bestand doch nach in der BR Deutschland herrschender Meinung die Klammer der gemeinsamen deutschen Staatsangehörigkeit fort,[25] so daß sich Erwerbs- wie Verlustvorgänge auf dem Gebiet der DDR auf den Bestand der deutschen Staatsangehörigkeit auswirken konnten und auch für die Zeit nach der Wiedervereinigung ihre Bedeutung behalten.[26]

Mehrstaatigkeit sollte nach DDR-Recht möglichst aufgehoben und verhindert werden. Die Verleihung der Staatsbürgerschaft konnte vom Nachweis der Entlassung aus der bisherigen Staatsangehörigkeit abhängig gemacht werden. Außerdem sollte mit Hilfe einer Reihe von Verträgen mit Ostblockstaaten[27] erreicht werden, vorhandene Mehrstaatigkeit durch den Zwang zur Abgabe entsprechender Erklärungen zu beseitigen und künftige Fälle dadurch zu verhindern, daß bei Einbürgerungen die Entlassung aus der anderen Staatsangehörigkeit oder die Zustimmung des anderen Staats verlangt wurden. Diese Vertragswerke sind durchaus als typisch für die Gruppe der sozialistischen Staaten anzusehen. Es kann nämlich auch sonst nicht festgestellt werden, daß die auf Internationalismus ausgerichtete kommunistische Bewegung den Wert der Staatsangehörigkeit gering geschätzt und Mehrstaatigkeit gefördert hätte.

---

[25] Dazu m.w.N. Hailbronner/Renner (Fn. 5), Einl. G Rn. 1 ff.
[26] Dazu jew. m.w.N. *Hailbronner/Renner* (Fn. 5), Einl. G Rn. 7 ff; *Renner*, NJ 1999, 230.
[27] Nachw. bei *Hailbronner/Renner* (Fn. 5), Einl. B Rn. 39.

3. Mehrstaatigkeit in Europa

Der völkerrechtliche Rahmen für die Behandlung von Mehrstaatigkeit hat sich seit Abschluß des Mehrstaaterübereinkommens von 1963 zunächst nicht verändert. Später vorgenommene Modifikationen haben Deutschland nicht erreicht. Das Zweite Zusatzprotokoll von 1993[28] wurde bisher von Deutschland nicht gezeichnet. Es sieht vor, daß Kinder, die in einem anderen Vertragsstaat geboren oder vor Vollendung des 18. Lebensjahres dort ansässig geworden sind, ihre bisherige Staatsangehörigkeit beibehalten dürfen, wenn sie die Staatsangehörigkeit des Aufenthaltsstaats auf Antrag erwerben. Der Entwurf eines europäischen Übereinkommens über die Staatsangehörigkeit von 1997[29] empfiehlt den Staaten die Zulassung des Beibehaltens der aufgrund Geburt oder Eheschließung erworbenen mehrfachen Staatsangehörigkeit (Art. 14) und stellt ihnen die Duldung weiterer Fälle von Mehrstaatigkeit frei (vgl. Art. 15).

Diese Fortentwicklung des Vertragszustands auf europäischer Ebene ist Ausdruck fundamentaler Wandlungen des Rechtsbewußtseins und der Rechtspraxis, die auf ebenso grundlegende Veränderungen der Bevölkerungsstrukturen aufgrund massiver Wanderungsbewegungen in und nach Europa zurückzuführen sind. Vor allem im letzten Jahrzehnt hat sich die Einstellung gegenüber Mehrstaatigkeit in vielen europäischen Staaten wesentlich, zum Teil umbruchartig, gewandelt. Rechtsvergleichende Untersuchungen[30] belegen eine Entwicklung, die zuvor kaum vorstellbar erschien. Während die Vermeidung von Mehrstaatigkeit zunächst allgemein, auch über den unmittelbaren Regelungsbereich des Mehrstaaterübereinkommens hinaus, zumindest als Grundsatz

---

[28] Englischer Text bei *Hailbronner/Renner* (Fn. 5), S. 822 ff.
[29] Englischer Text bei *Hailbronner/Renner* (Fn. 5), S. 825 ff.
[30] *Goes*, Mehrstaatigkeit in Deutschland, 1997, S. 108 ff.; *Hailbronner/Renner* (Fn. 5), Einl. F Rn. 26-43; *Hailbronner* (Fn. 17), S. 50 ff.; *Renner*, ZAR 1993, 49; *ders.*, in: *Weber* (Hrsg.), Einwanderungsland Bundesrepublik Deutschland in der Europäischen Union, 1997, S. 251 ff.; *Ziemske*, Die deutsche Staatsangehörigkeit nach dem Grundgesetz, S. 333 ff.

anerkannt und angestrebt wurde, wird sie inzwischen nur noch von einigen wenigen Staaten konsequent durchgesetzt. Die Entwicklung zur vermehrten Akzeptanz ist ebenso uneinheitlich wie die zugrundeliegenden Rechtssysteme und die hierbei eingesetzten Instrumente. Unverkennbar ist jedoch die generelle Tendenz. In diesem Zusammenhang ist auch von Bedeutung, daß teilweise Elemente des ius soli Eingang in das nationale Recht einiger Länder gefunden haben und damit der Mehrstaatigkeit offen Vorschub geleistet wird, ohne daß administrative Korrekturmöglichkeiten zur Verfügung stehen.

Die Einführung der gemeinsamen Unionsbürgerschaft[31] mit daraus fließenden Rechten (Art. 8 bis 8d EGV) tangiert nicht die Stellung der Staatsangehörigkeit, sondern festigt sie eher noch. Die Unionsbürgerschaft wird durch die Staatsangehörigkeit in einem Mitgliedstaat der EU vermittelt, baut also auf diesem Institut auf. Im Verhältnis der Mitgliedstaaten untereinander trägt die Verwirklichung der politischen Union Europas dazu bei, die Bedeutung des Erwerbs einer zusätzlichen Staatsangehörigkeit zu mindern. Im Außenverhältnis steigt dagegen der Wert der Staatsangehörigkeit in demselben Maße, wie Europa zusammenwächst und sich nach außen abschottet. Die Einführung des Kommunalwahlrechts für Unionsbürger (Art. 8b EGV) veranschaulicht diese gegenläufigen Wirkungen. Die zunehmende Partizipation der Unionsbürger verstärkt die Schlechterstellung der anderen Ausländer.

3. Fälle von Mehrstaatigkeit im geltenden und im künftigen deutschen Recht

Mehrstaatigkeit soll in Deutschland zwar grundsätzlich verhindert werden, wird aber in zahlreichen Fallgruppen kraft Verfassung oder Gesetz oder aufgrund behördlicher Entscheidung zugelassen. Zu nennen sind vor allem die folgenden Fälle: Geburt eines Kindes

---

[31] Dazu jew. m.w.N. *Hailbronner/Renner* (Fn. 5), Einl. G Rn. 39 ff.; Sauerwald, Die Unionsbürgerschaft und das Staatsangehörigkeitsrecht der Mitgliedstaaten der Europäischen Union, 1996.

in gemischt-nationaler Ehe (§ 4 RuStAG), Legitimation oder Adoption eines ausländischen Kindes durch einen Deutschen (§§ 5, 6 RuStAG), Erwerb durch Erklärung eines vor dem 1. Juli 1975 geborenen Kindes einer deutschen Mutter (Art. 3 RuStAÄndG 1974[32]), Einbürgerung nach Aufnahme eines volksdeutschen Vertriebenen oder Flüchtlings (jetzt nur noch: Spätaussiedlers) ohne deutsche Staatsangehörigkeit (§ 6 StAngRegG), gesetzlicher Erwerb einer fremden Staatsangehörigkeit (vgl. § 25 I RuStAG), genehmigte Beibehaltung der deutschen Staatsangehörigkeit (§ 25 II RuStAG), Einbürgerung unter Hinnahme von Mehrstaatigkeit bei besonderen Härten oder Unzumutbarkeiten (§ 87 AuslG und § 8 RuStAG i.V.m. EbRL) sowie Wiedereinbürgerung und Nichtausbürgerung politisch und rassisch Verfolgter (Art. 116 II GG).

Die in den letzten Monaten vorangeschrittenen Bestrebungen, das deutsche Staatsangehörigkeitsrecht zu reformieren,[33] haben nicht nur die Ergänzung des Abstammungsgrundsatzes durch Elemente des ius soli zum Ziel, sie sind auch durch ein gewandeltes Verhältnis zur Mehrstaatigkeit geprägt.[34] Am weitesten hatte sich der im Januar 1999 vorgelegte Arbeitsentwurf des Bundesinnenministers[35] vorgewagt. Ihm zufolge sollte Mehrstaatigkeit künftig sowohl beim Ius-soli-Erwerb als auch bei der Einbürgerung grundsätzlich hingenommen, und außerdem sollte auf Verlustgründe gänzlich verzichtet werden.[36] Demgegenüber versuchte ein Entwurf der FDP vom Januar 1999,[37] den Ius-soli-Erwerb mit der Pflicht zur Entscheidung zwischen der deutschen und der anderen durch Geburt erworbenen Staatsangehörigkeit („Options-Modell")

---

[32] Gesetz zur Änderung des RuStAG vom 20.12.1974 (BGBl. I 3714).
[33] Zu früheren Reformbestrebungen näher *Hailbronner/Renner* (Fn. 5), Einl. F Rn. 44 ff., Art. 16 GG Rn. 23 ff., 43 ff.
[34] Vgl. Berichte in ZAR 1999, 50, 98, 147.
[35] Nach dem Stand vom 13.1.1999; http://www.bundesregierung.de/05/0511/05/.
[36] Dazu krit. *Renner* „Erste Anmerkungen zur Reform des Staatsangehörigkeitsrechts", in: *Barwig u.a.* (Fn. 15), S. 81 ff.
[37] BT-Drs. 14/296.

zu verbinden.[38] In wesentlichen Punkten anders soll die Frage der Staatsangehörigkeit vor allem der in Deutschland geborenen Kinder von Ausländern nach dem Willen der Abgeordneten der Regierungsparteien und der FDP gelösten werden, die nach Absprache mit der Landesregierung Rheinland-Pfalz im März 1999 den Entwurf eines Gesetzes zur Reform des Staatsangehörigkeitsrechts im Bundestag eingebracht haben.[39] Dieser Gruppenantrag verbindet eine vermehrte Hinnahme von Mehrstaatigkeit beim Erwerb iure soli und durch Einbürgerung mit der erheblichen Ausweitung der Verlusttatbestände und sorgt so in der Tendenz für den Abbau von mehrfachen Staatsangehörigkeiten.[40]

Im einzelnen ist vorgesehen, daß das in Deutschland geborene Kind ausländischer Eltern die deutsche Staatsangehörigkeit erwirbt, wenn ein Elternteil seit acht Jahren rechtmäßig seinen gewöhnlichen Aufenthalt im Inland hat und eine Aufenthaltsberechtigung oder eine unbefristete Aufenthaltserlaubnis besitzt (§ 4 I StAG-E). Die auf diesem Weg erworbene Staatsangehörigkeit geht verloren, wenn sich der deutsche Mehrstaater nach Vollendung des 18. Lebensjahres bis spätestens zur Vollendung des 23. Lebensjahres für die andere Staatsangehörigkeit entscheidet oder keine Erklärung abgibt (§ 29 II StAG-E). Beabsichtigt er die Beibehaltung der deutschen Staatsangehörigkeit, ohne daß er die ausländische verliert oder aufgibt, muß er hierfür rechtzeitig eine Genehmigung beantragen. Wird ihm die Beibehaltung versagt, weil er keinen der im einzelnen bestimmten Ausnahmetatbestände erfüllt, geht er der deutschen Staatsangehörigkeit verlustig (§ 29 III, IV StAG-E). Wer bei Inkrafttreten des Reformgesetzes (voraussichtlich am 1. Januar 2000) noch nicht das zehnte Lebensjahr vollendet hat und sich

---

[38] Dazu krit. *Renner*, „Mehr Integration durch Option gegen Mehrstaatigkeit?", in *Barwig u.a.* (Fn. 15), S 139 ff.

[39] BT-Drs. 14/533; danach soll das RuStAG in „Staatsangehörigkeitsgesetz" (StAG) umbenannt werden. Nachfolgend wird diese Entwurfsfassung zugrundegelegt (Manuskript von Mai 1999).

[40] Vgl. dazu näher die schriftlichen und mündlichen Äußerungen von 15 Sachverständigen bei der Anhörung durch den Innenausschuß des Bundestags am 13.4.1999 (Prot. Nr. 12).

rechtmäßig gewöhnlich in Deutschland aufhält, kann seine Einbürgerung verlangen, wenn er bei seiner Geburt im Falle der Geltung der Ius-soli-Regeln die deutsche Staatsangehörigkeit erworben hätte und wenn diese Voraussetzungen weiter vorliegen (§ 40b StAG-E).

Die Einbürgerung wird erleichtert, indem die Mindestaufenthaltsdauer für den allgemeinen Einbürgerungsanspruch (bisher §§ 85, 86 AuslG) von 15 auf acht Jahre gesenkt wird (§ 85 AuslG-E). Allerdings soll künftig die Einbürgerung bei nicht ausreichenden deutschen Sprachkenntnissen oder bei Verfolgung oder Unterstützung verfassungsfeindlicher Bestrebungen ausgeschlossen sein und bei Vorliegen eines Ausweisungsgrunds nach § 46 Nr. 1 AuslG im Wege des Ermessens ausgeschlossen werden können (§ 86 AuslG-E). Der bisher schon geltende Katalog von Gründen für die Hinnahme von Mehrstaatigkeit bei der Einbürgerung (§ 87 I AuslG) wird geändert. Er wird vor allem erweitert um die Fälle der unzumutbaren Bedingungen, der unverhältnismäßigen Schwierigkeiten oder besonderen Härte bei älteren Personen, der erheblichen Nachteile insbesondere wirtschaftlicher oder vermögensrechtlicher Art und der politisch Verfolgten sowie der Unionsbürger bei Gewährleistung der Gegenseitigkeit (§ 87 I Nrn. 3 bis 6, II AuslG-E).

Wird nach alledem künftig Mehrstaatigkeit im Stadium des Erwerbs der deutschen Staatsangehörigkeit verhältnismäßig großzügig geduldet, so wird doch die Fortdauer von mehrfacher Staatsangehörigkeit weitaus strenger verhindert als bisher. Da die Gründe für eine Beibehaltung der kraft ius soli erworbenen Staatshörigkeit trotz Fortbestands der anderen Staatsangehörigkeit noch weitreichender ausgestaltet sind, wird zwar in dieser Fallgruppe die Fortdauer mehrerer Staatsangehörigkeiten in einer Person von deutscher Seite nur zu einem geringeren Anteil verhindert werden. Grundsätzlich handelt es sich aber nur um eine vorübergehende Duldung bis längstens zur Vollendung des 23. Lebensjahres, und außerdem hängt es von der Ausgestaltung der Verlustgründe durch den anderen Staat ab, ob dessen Staatsangehörigkeit inzwischen verloren geht, etwa wegen eines länger andauernden Aufenthalts des deutschen Mehrstaaters in Deutschland, und auf diese Art und Weise ohne Zutun Deutschlands Mehrstaatigkeit aufgelöst wird. Vor allem aber soll dafür Sorge getragen werden, daß künftig der deutsche Mehrstaater entsprechend den völker- und verfassungsrechtlichen Vorgaben - Notwendigkeit eines genuine link, also einer tatsächlichen näheren Beziehung zu Deutschland – bei Aufgabe der Bindungen an Deutschland die deutsche Staatsangehörigkeit einbüßt. Zum einen soll der Verlusttatbestand des § 25 I RuStAG auf die Fälle des Antragserwerbs einer anderen Staatsangehörigkeit während des gewöhnlichen Aufenthalts in Deutschland ausgedehnt werden. Infolgedessen wird diese Rechtsfolge in Zukunft nicht mehr nur im Verhältnis zu den wenigen insoweit gebundenen Vertragspartnern des Mehrstaaterübereinkommens eintreten, sondern auch den Mißstand beenden, der in den letzten zwei Jahrzehnten vermehrt zu beobachten war, als sich türkische Staatsangehörige zunächst aus ihrer Staatsangehörigkeit entlassen ließen, um in Deutschland eingebürgert werden zu können, dann aber sofort wieder die türkische Staatsangehörigkeit annahmen.[41] Zum anderen wird ein neuer Verlustgrund in der Form eines „Generationenschnitts" geschaffen, indem die Weitergabe der deutschen Staatsangehörigkeit im Ausland grundsätzlich auf die erste Auslandsgeneration begrenzt wird. Denn das Kind eines im Ausland geborenen und dort gewöhnlich lebenden Deutschen soll künftig vom Abstammungserwerb ausgeschlossen sein (§ 4 IV StAG-E). Diese Rechtsfolge einer Lösung der tatsächlichen Bindung an Deutschland tritt allerdings nicht ein, falls das Kind dadurch staatenlos würde oder wenn der deutsche Elternteil die Geburt innerhalb eines Jahres der zuständigen Auslandsvertretung an-

---

[41] Nach Art. 20 Bst. c des türkischen Staatsangehörigkeitsgesetzes Nr. 403 vom 11.2.1964 in der jetzt gültigen Fassung (in der Übersetzung durch *Bergmann/Ferid*, Internationales Ehe- und Kindschaftsrecht, Stand: 30.11.1995) ist der Verzicht mit Genehmigung des Ministerrats zulässig, wenn der türkische Staatsangehörige eine fremde Staatsangehörigkeit erworben oder begründete Aussicht auf den Erwerb hat. Die Wiedereinbürgerung ist ohne weitere Voraussetzungen nach Art. 8 möglich.

zeigt und damit den Willen zur Aufrechterhaltung der Beziehungen zu Deutschland kundtut.

5. Voraussetzungen für die Hinnahme von Mehrstaatigkeit im einzelnen

Mit der bevorstehenden ersten Stufe der Reform des Staatsangehörigkeitsrechts wird Deutschland durch die Aufnahme von Ius-soli-Elementen, die tolerantere Einstellung gegenüber Mehrstaatigkeit und die umfassenderen Verlustregelungen wieder Anschluß an das Hauptfeld der größeren europäischen Staaten finden. Gleichzeitig werden die Voraussetzungen für das Akzeptieren eines zeitweiligen oder dauernden Besitzes einer oder mehrerer anderer Staatsangehörigkeiten neben der deutschen aufgrund einer Verwaltungsentscheidung für die einzelnen Fallgruppen so verschiedenartig sein, daß nicht nur ihre Übersichtlichkeit leidet, sondern daß auch ihre Differenzierungen teilweise kaum mehr nachvollziehbar und teilweise auch unzweckmäßig, sachwidrig und sogar verfassungsrechtlich bedenklich erscheinen. Die nachfolgende Skizze über die Vorkehrungen zur Verhinderung und Beseitigung von Mehrstaatigkeit durch Regelungen über die ausnahmsweise Beibehaltung der deutschen Staatsangehörigkeit neben einer anderen soll dies verdeutlichen:

Um die Politik der Verhinderung von Mehrstaatigkeit in Deutschland in ihrer Gesamtheit zu erfassen, muß vor einer näheren Erörterung dieser Ausnahmetatbestände zunächst der Hinweis auf diejenigen oben erwähnten Fallgruppen vorausgeschickt werden, in denen der Verfassungsgeber oder der Gesetzgeber selbst Mehrstaatigkeit entweder ausdrücklich oder stillschweigend zulassen oder sogar aufgrund einer Rechts- und Güterabwägung erzwingen kann. Wenn Widersprüchlichkeiten auftreten, müssen auch die gesetzlichen Tatbestände der automatischen Häufung von Staatsangehörigkeiten in den Vergleich und in die Bewertung einbezogen werden. So kann zum Beispiel bei der Beurteilung des staatsangehörigkeitsrechtlichen Schicksals eines in Deutschland gebo-

Mehrstaatigkeit in Deutschland – ein dauerndes Übel?

Norm	Gegenstand	Gründe für Mehrstaatigkeit
Verlust und Beibehaltung der deutschen Staatsangehörigkeit		
(1) § 4 Abs. 4 StAG-E	Generationenschnitt	bloße Anzeige
(2) § 29 Abs. 4 StAG-E	Erwerb iure soli Beibehalten	Aufgabe unmöglich oder unzumutbar oder Gründe des § 87 AuslG-E
(3) § 25 Abs. 2 StAG-E	Antragserwerb Beibehalten	öffentliches Interesse, besonderes staatliches Interesse, Zwangslage
Erwerb der deutschen unter Beibehaltung der anderen Staatsangehörigkeit		
(4) § 87 AuslG-E	ältere und jüngere Ausländer Rechtsanspruch	Aufgabe unmöglich oder besonders schwierig
(5) § 8 StAG-E	Ermessenseinbürgerung	unzumutbare Härte u.a. Nr. 5.3.3. EinbRL
(6) § 9 StAG-E	Ehegatte eines Deutschen Rechtsanspruch	keine Ausnahme

renen Kindes mit mehreren Staatsangehörigkeit nach ius soli nicht außer acht gelassen werden, daß die Mehrstaatigkeit des Kindes eines deutsch-ausländischen Elternpaars nicht nur ohne weiteres hingenommen wird, sondern sich als zwingende Rechtsfolge aus ius sanguinis und Art. 6 GG ergibt.[42]

Die dargestellten Abstufungen erscheinen nicht von vornherein unsachgerecht. So sind die drei ersten Fallgruppen bei Entstehen und Fortdauer der Staatsangehörigkeit so unterschiedlich gelagert, daß sie voneinander abweichende Lösungen verdienen. Zudem ist bei ihnen darauf Bedacht zu nehmen, daß die Betroffenen als Inhaber der deutschen Staatsangehörigkeit durch Art. 16 GG weitgehend gegen deren Entziehung geschützt sind, während die einbürgerungswilligen Ausländer in den Konstellationen drei bis sechs über eine ähnliche Rechtsposition nicht verfügen.

Beim Vergleich der dritten und der vierten Fallgruppe fallen

---

[42] Dazu BVerfGE 37, 217, allerdings nur zu Art. 3 GG.

allerdings die sehr unterschiedlichen Voraussetzungen ins Auge. Während künftig bei der Anspruchseinbürgerung Schwierigkeiten ideeller und materieller Art in weitaus größerem Umfang als bisher berücksichtigt werden, sollen Deutsche beim Antragserwerb einer ausländischen Staatsangehörigkeit weiterhin auf die restriktive Fassung und Auslegung des § 25 II RuStAG verwiesen werden. Beide Konstellationen liegen nach ihren tatsächlichen und rechtlichen Voraussetzungen für die mögliche Häufung von Staatsangehörigkeit nicht gleich. Ob auch das vorgesehene Maß an Ungleichbehandlung gerechtfertigt werden kann, muß indes bezweifelt werden. Es leuchtet nicht ein, weshalb der Deutsche beim Antragserwerb einer anderen Staatsangehörigkeit wesentlich schlechter gestellt sein soll als der einbürgerungswillige Ausländer. Der Ausländer macht zwar von einem ihm verliehenen Rechtsanspruch auf Einbürgerung Gebrauch, dem Deutschen wird aber der Verlust eines verfassungsrechtlich bedeutsamen Status zugemutet. Deshalb fehlt es an einer ausreichenden Erklärung dafür, daß der Deutsche hinsichtlich der Duldung von Mehrstaatigkeit auf eine Ermessensentscheidung aufgrund enger und fast ausschließlich staatsbezogener Ausnahmetatbestände verwiesen ist, während dem Ausländer ein Rechtsanspruch auf Hinnahme von Mehrstaatigkeit aufgrund eines weitaus umfassenderen Katalogs personenbezogener Gründe verliehen werden soll.

Schließlich fällt auch die Ungleichbehandlung der einbürgerungsberechtigten Ehegatten Deutscher, denen nach § 9 RuStAG keine Ausnahme von der Notwendigkeit des Verlusts oder der Aufgabe der bisherigen Staatsangehörigkeit zugestanden wird, einerseits und den ebenso anspruchsberechtigten Ausländern mit achtjährigem Inlandsaufenthalt, die sich auf die mannigfachen Ausnahmen des § 87 I bis III AuslG berufen können, andererseits auf. Diese Differenzierung kann allenfalls mit den unterschiedlichen Voraussetzungen für die Einbürgerungsansprüche, die zumindest bei pauschaler Betrachtung auf ein ebenso unterschiedliches Maß an Integration schließen lassen, durchaus erklärt werden.

6. Ausblick

Von vielen Einzelfragen abgesehen, die vor einer Totalrevision des Staatsangehörigkeitsrechts erörtert werden müssen, ist es zunächst einmal erforderlich, verfassungspolitische Überlegungen über das künftige staatsangehörigkeitsrechtliche System und damit auch über das staatliche Selbstverständnis anzustellen. Wenn nach der Präambel des Grundgesetzes das Deutsche Volk Urheber der Verfassung ist, ist damit nicht ein völkisch abgegrenzter vorkonstitutioneller „natürlicher" Souverän gemeint, sondern alle Staatsbürger der BR Deutschland. Dazu gehören eingebürgerte Ausländer ebenso wie in Deutschland aufgenommene deutsche Volkszugehörigen ohne deutsche Staatsangehörigkeit. Das deutsche Staatsangehörigkeitsrecht ist nicht ethnisch fixiert.[43] Die gesetzlichen Erwerbsgründe der Geburt, Adoption und Legitimation nehmen keine Rücksicht auf die Volkszugehörigkeit, und bei der Einbürgerung wird nicht eine wie auch immer geartete volkstumsmäßige Verbundenheit mit Deutschland und dem deutschen Volk verlangt, sondern eine Hinwendung zu dem Staat BR Deutschland.

Hier kommen bisweilen Mißverständnisse auf, wenn von einem volkstumsgebundenen „Blutrecht" gesprochen und das beinahe ehrwürdige Alter des RuStAG als Beleg für dessen wilhelminischen Geist genommen wird. Die Vorstellung von einem kulturell in jeder Hinsicht einförmigen deutschen Volk entspricht schon lange nicht mehr der Wirklichkeit, wenn es denn überhaupt jemals so war. Was etwa eine gemeinsame christliche Grundüberzeugung angeht, so müssen hieran doch einige Zweifel angemeldet werden. Einmal wegen der grundgesetzlich gewährleisteten positiven wie negativen Glaubensfreiheit. Dann wegen des Zusammenschrumpfens der aktiven Christen auf eine keineswegs mehr stattliche Minderheit. Ferner wegen des faktischen Zurückdrängens des religiösen Lebens in das Private.

Weithin unbeachtet geblieben sind Rückwirkungen der europäischen Einigung auf das Selbstverständnis des deutschen Staats.

---

[43] Dazu näher *Renner*, NJ 1999, 230; *Silagi*, StAZ 1999, 3.

Die europäische Freizügigkeit erfaßt inzwischen praktisch alle Personengruppen und Lebensbereiche. Sie ist auf Öffnung der Mitgliedstaaten ohne Rücksicht auf Sprache, Religion und Volkstum angelegt. Tendenzen zur volkstumsmäßigen Abschottung liefen dem Ziel der europäischen Staatenunion zuwider. Gewiß ist mancher Unionsbürger und auch mancher Politiker mit seinem Bewußtsein noch weit von der europäischen Rechtswirklichkeit entfernt. Das Staatsangehörigkeitsrechts darf aber gegenläufigen Tendenzen keinen Vorschub leisten. Es muß sich im Gegenteil nach Europa hin öffnen.

Dr. Günter Renner ist Vorsitzender Richter am Hessischen Verwaltungsgerichtshof und Mitherausgeber der Zeitschrift für Ausländerrecht und Ausländerpolitik (ZAR).

11. Mißverständnisse, politische Versäumnisse, Konflikte und Gelingen.

Zur Entwicklung und gegenwärtiger Lage der türkischen Einwanderung

Helmut Rittstieg

Die deutsch-türkischen Migrationsbeziehungen begannen mit einem Mißverständnis, das auch heute, nach fast 40 Jahren türkischer Einwanderung, noch das gegenseitige Verstehen belastet, um so mehr, als es beide Seiten teilten. Dieses Mißverständnis hat den Namen Gastarbeiter. Jede umfangreiche Einwanderung hat notwendig Verständigungsprobleme und Konflikte zur Folge; die mit der Gastarbeiterfiktion verbundene Täuschung der einheimischen Bevölkerung und der Einwanderer über das wirkliche Geschehen verstärkte allerdings unnötig das Konfliktpotential, weil die persönliche Orientierung und das gesellschaftliche und politische Verhalten von Einwanderern und Altbevölkerung jahrzehntelang von falschen Voraussetzungen ausgingen. Das förderte gegenseitige Vorurteile, Abgrenzung und Segregation.

Es ist ein Irrtum und darüber hinaus eine rassistische Fiktion, die besonderen Probleme zwischen Abstammungsdeutschen und Menschen aus der türkischen Einwanderung auf einen angeblich kulturell oder sogar genetisch bedingten Rassismus der Deutschen und mangelnde Anpassungsfähigkeit von Menschen mit türkischem Hintergrund zurückzuführen. Mitte der 70er Jahre erzählte mir ein Student, der 1965 als 9jähriger mit seinen Eltern nach Deutschland gekommen war, die Verpflanzung vom Bosporus in eine Hinterhauswohnung in St. Pauli sei zwar ein fürchterlicher Schock für sein kindliches Empfinden gewesen, er habe es aber viel leichter gehabt, als die später hier aufwachsenden Kinder der Immigranten, weil man in der Schule und in seiner sonstigen Umgebung stolz darauf gewesen sei, einen türkischen Jungen bei sich zu haben und sich entsprechend bemühte, ihm das Eingewöhnen auch sprachlich zu erleichtern. Ohne besonderen Sprachunterricht habe er innerhalb eines halben Jahres hinreichend Deutsch gelernt, um ganz normal am Schulunterricht teilzunehmen. Inzwischen ist er ein gut situierter Rechtsanwalt in Hamburg; ein durchaus nicht vereinzeltes Gelingen, das sowohl die Anpassungsfähigkeit der türkischen Immigranten wie die ursprüngliche Offenheit der deutschen Gesellschaft belegt.

Ende der 60er/Anfang der 70er Jahre übernahm ich als junger Rechtsanwalt entgegen meiner beruflichen Orientierung auf das nationale und internationale Wirtschaftsrecht die Fälle einiger Migranten, in denen es im Zuge eines beruflichen Aufstieges um die Erweiterung von Arbeitserlaubnissen, die Verlängerung von Aufenthaltserlaubnissen, z. T. auch um den Familienzusammenhalt ging. Ich wurde hier zu meinem großen Erstaunen mit einem Rechtsbereich konfrontiert, in dem die rationalen Prinzipien des Rechtsstaates wenig galten und eher der Wahnsinn Methode hatte. Es war schon damals völlig klar, daß aus einem Teil der Gastarbeiter Einwanderer geworden waren. Aus Gastarbeitern wurden Einwanderer, weil eingearbeitete und sprachkundige Arbeitskräfte effizienter sind als Neuankömmlinge und die Aufenthaltserlaubnisse von Jahr zu Jahr verlängert wurden, weil auf Grund internationaler Verpflichtungen der Familiennachzug gestattet werden mußte, Kinder der Immigranten in Deutschland geboren wurden und der Schulbesuch von Immigrantenkindern zunahm.

Die Gastarbeiterpolitik lief auf die Schaffung einer neuen Unterschicht hinaus und bedeutete gleichzeitig eine ethnische Segregation. Von der ersten Generation der Einwanderer wurde dies selbstverständlich akzeptiert, weil dies die Bedingungen waren, zu denen sie eingewandert waren. Es war aber abzusehen, daß für die zweite und die folgenden Generationen, die mit dem Anspruch der Industriegesellschaft auf Chancengleichheit aufwuchsen, diese Situation nicht akzeptabel sein würde, und daraus Konflikte mit der eingesessenen deutschen Bevölkerung entstanden, die jedes Ab-

Mißverständnisse, Versäumnisse, Konflikte und Gelingen.

weichen vom unterwürfigen Gastarbeiterverhalten als Regelverletzung verstehen mußte. Angesichts der damaligen Rassenunruhen in Großbritannien und in den Vereinigten Staaten waren die Zeichen an der Wand leicht zu lesen.

Um auf die absehbaren Gefahren dieser Entwicklung hinzuweisen, begann ich zu publizieren. 1973 beschlossen wir im Rahmen der Hamburger Arbeitsgemeinschaft Sozialdemokratischer Juristen unter Vorsitz von Hans Peter Bull, des späteren Innenministers von Schleswig- Holstein und mein jetziger Kollege, 42 Thesen zum Ausländerrecht, die dann auch von der Bundesarbeitsgemeinschaft Sozialdemokratischer Juristen übernommen wurden. Wir forderten den Stop der Anwerbung, den Abschied vom Gastarbeiterdenken, die rechtliche Gleichstellung, insbesondere die Einbürgerung und positive Integrationsbemühungen im Bereich von Sprache, Ausbildung, beruflicher Bildung, Wohnung usw., wie sie jetzt sehr spät, aber richtig im Rüttgers-Papier gefordert werden. Die Resonanz war angesichts der für das Wahlvolk nach wie vor überwiegenden Vorteile der Gastarbeiterpolitik gleich Null. Im Gegenteil: Die Gastarbeiterpolitik wurde noch einmal durch die 1977 unter einer sozialliberalen Bundesregierung mit den Ländern vereinbarten Einbürgerungsrichtlinien bekräftigt. Nach diesen Einbürgerungsrichtlinien soll die Einbürgerung ein seltener Gnadenakt sein. Sie setzt die völlige Assimilation zum Deutschtum voraus und soll auch dann nur ausnahmsweise gewährt werden.

Bemerkenswert ist, daß die Fortsetzung der Gastarbeiterpolitik als Segregationspolitik von allen politischen und gesellschaftlichen Gruppen getragen wurde. Formuliert wurde sie von den Innenpolitikern in den Parlamenten und Ministerien, die gleichzeitig für deutsche Spätaussiedler aus den Ostblockstaaten eine regelrechte Einwanderungs- und Eingliederungspolitik formulierten. Zur Aussiedlerpolitik gehörten der sofortige Erwerb der deutschen Staatsangehörigkeit unter Beibehaltung der bisherigen Staatsangehörigkeit, die Förderung des Spracherwerbs unter voller Bezahlung, die Förderung der beruflichen Eingliederung durch entsprechende Qualifizierungsmaßnahmen, die bevorzugte Versorgung mit Wohnungen, finanzielle Erstausstattung und die Eingliederung in die Rentenversicherung unter Berücksichtigung der bisherigen Lebensarbeitszeit, ohne daß Beiträge gezahlt worden waren. Diese Eingliederungspolitik gegenüber Spätaussiedlern, die in reduziertem Umfang auch heute noch gilt, zeigt, daß die Innenpolitiker und die Innenministerien wußten und wissen, wie entsprechend dem Modell traditioneller Einwanderungsländer die gesellschaftliche Eingliederung der Einwanderer gefördert wird. Die völlig andere Politik gegenüber ehemaligen Gastarbeitern, ihren Abkömmlingen und nachziehenden Familienangehörigen könnte zu der Vermutung veranlassen, daß es auch heute noch nicht um die gleichberechtigte gesellschaftliche Eingliederung geht.

In den Regierungserklärungen der sozialliberalen Koalition und der Regierung Kohl und in sonstigen politischen Erklärungen tauchte zwar regelmäßig als Ziel die „Integration" der auf Dauer hier lebenden ausländischen Arbeitnehmer und ihrer Familien auf. Aus dem Zusammenhang ergibt sich jedoch jeweils, daß damit das klaglose und konfliktfreie Einordnen in den Gastarbeiterstatus gemeint war, so wie ihn diese Gesellschaft und ihre Rechtsordnung für Immigranten bereithält. Von gleichberechtigtem Hineinwachsen in die Gesellschaft, das insbesondere den Erwerb der Staatsangehörigkeit voraussetzt, war in diesen Erklärungen nicht die Rede. Im Gegenteil: Zu Beginn der Regierungszeit des Bundeskanzlers Kohl wurde vom damaligen Innenminister Zimmermann ein Rückkehrförderungsgesetz durchgesetzt, das die Rückkehr von Gastarbeiterfamilien in ihre Heimatländer dadurch begünstigen sollte, daß ihnen vorzeitig der Arbeitnehmeranteil an der Rentenversicherung unter Verzicht auf Rentenansprüche, ohne Verzinsung und ohne den Arbeitgeberanteil, ausgezahlt werden sollte. Davon machten verständlicherweise nur wenige Gebrauch, die ohnehin ihre Zelte hier abbrechen wollten. Das Gesetz und die entsprechende Propaganda bekräftigten indes den Eindruck der Abstammungsdeutschen, daß die Anwesenheit der Immigranten im Grunde illegitim sei. So fördert man ethnische Konflikte.

Mißverständnisse, Versäumnisse, Konflikte und Gelingen.

Ein prinzipieller Wandel kam sehr spät mit dem Ausländergesetz 1990, das der damalige Innenminister Schäuble durch den Bundestag brachte. Auch dieses Gesetz, zusammen mit den Arbeitserlaubnisvorschriften, setzt einige Elemente der Gastarbeiterpolitik fort. Es bedeutet aber gleichwohl eine prinzipielle Abkehr, indem es Ansprüche auf unbefristete Aufenthaltserlaubnisse und Aufenthaltsberechtigungen sowie den Nachzug von Ehegatten und minderjährigen Kindern gewährt, und vor allem indem es Ansprüche auf die Einbürgerung schuf und damit die staatsbürgerliche Gleichstellung der Immigranten ermöglichte. Seither hat die Zahl der Einbürgerungen erheblich zugenommen. Ein Teil der Eingewanderten und ihrer Kinder sind inzwischen Deutsche geworden. Dies bildet sich auch ansatzweise im politischen System ab, so daß die Gesellschaft auch langsam in die Lage gesetzt wird zu begreifen, daß tatsächlich eine Einwanderung stattgefunden und das ethnische Gefüge dieser Gesellschaft sich verändert hat.

Gleichwohl ist das Wort Einwanderung in der Politik immer noch tabu und wird durch Zuwanderung ersetzt, weil damit keine genauen Vorstellungen zu verbinden sind. Das Zugeständnis, daß Einwanderung stattgefunden hat, bedeutet selbstverständlich nicht, daß weitere Einwanderung außerhalb des Familiennachzuges und der Flüchtlingsaufnahme stattfinden muß.

Die Zahl der Einbürgerungen aufgrund der im Jahre 1990 geschaffenen Vorschriften ist immer noch geringer als die Zahl der mit ausländischer Staatsangehörigkeit in Deutschland geborenen Kinder. Die Ausländerbevölkerung und damit die Spaltung der Gesellschaft in Deutsche und Ausländer wächst noch an.

Um wenigstens den hier geborenen Kindern das gleichberechtigte Hineinwachsen in die Gesellschaft zu ermöglichen, wollte die rot-grüne Regierungskoalition durch eine Änderung des Staatsangehörigkeitsgesetzes den hier geborenen Kindern von Ausländern mit Daueraufenthaltsstatus mit der Geburt im Lande die deutsche Staatsangehörigkeit gewähren. Diese Absicht ist gescheitert und hat zu einer, durch die zwischen dem 18. Und 23. Lebensjahr geforderten Entscheidung zwischen der deutschen Staatsangehörigkeit und der Staatsangehörigkeit der Eltern, auflösend bedingten deutschen Staatsangehörigkeit geführt. Abgesehen von allen anderen rechtlichen und praktischen Problemen, die dieser schlechte Kompromiß schafft, muß man fragen, welche integrative Wirkung es haben soll, wenn wir künftig mit auflösend bedingten Deutschen in den Schulen und Universitäten zusammenleben? Im übrigen wurde die Einbürgerung der älteren Generation erschwert. Dies ist ein deutlicher Rückschritt gegenüber dem 1990 geschaffenen Rechtszustand. Es wäre besser gewesen, auf das durch seinen Kompromißcharakter sinnlos gewordene neue Gesetz zu verzichten und stattdessen auf Länderebene eine aktive Einbürgerungspolitik aufgrund der 1990 geschaffenen Vorschriften zu beginnen und gleichzeitig ernst zu machen mit den im Rüttgers-Papier zusammengefaßten notwendigen Integrationsmaßnahmen. Dies aber würde eine nachhaltige politische Anstrengung erfordern und auch mit einem gewissen finanziellen Aufwand verbunden sein. Es ist leichter, symbolische Politik zu machen, die aber von ihren eigentlichen Adressaten als eine weitere Zurückweisung verstanden werden muß.

Politisch scheint die Abkehr von der Gastarbeiterpolitik weitgehend Konsens zu sein. Dieser neue Konsens wird aber nicht in politisches Handeln umgesetzt. Im Gegenteil: Die Einbürgerung wird als Folge der kürzlichen politischen Turbulenzen erschwert und die Gastarbeiterpolitik wird in einer Reihe von diskriminierenden Regelungen des Ausländergesetzes und des Arbeitserlaubnisrechtes fortgesetzt. Was vor allem fehlt, ist eine umfassende politische Initiative für die rechtliche und gesellschaftliche Gleichstellung der Immigranten.

Bei aller Zweckrationalität und Nüchternheit der Marktgesellschaft und trotz der inzwischen auch zur gesellschaftlichen Realität gewordenen Öffnung nach Europa ist ein grundlegender Faktor der politischen Kultur in Deutschland nach wie vor der ethnische Nationalismus. Er wurde in der politischen Romantik als Grundlage des Widerstandes gegen die französische Besetzung und die Ideen der französischen Revolution geschaffen. Er lieferte die zentrale

Mißverständnisse, Versäumnisse, Konflikte und Gelingen.

Legitimation für die Gründung des Deutschen Reiches und überlebte ungebrochen die Niederlagen zweier Weltkriege. Er ermöglichte die konkrete Form des Beitritts der früheren DDR zur Bundesrepublik. Vergleicht man die seither auch mit Hilfe der Steuern und Beiträge der Einwanderer relativ klaglos geleisteten Transferzahlungen mit den ca. 20 Mrd. DM Nettozahlungen an die Europäische Union und den damit verbundenen politischen Auseinandersetzungen, wird deutlich, welche legitimierende Kraft der ethnische Nationalismus hat.

Daß die eingewanderte Bevölkerung die hohen Kosten der Deutschen Einheit durch Steuern und Sozialabgaben mitfinanziert, hätte Anlaß sein können, die ihnen gegenüber errichteten Schranken aufzuheben. Das ist nicht geschehen. Im Gegenteil: Es wird verstärkt auf den ethnischen Nationalismus zurückgegriffen, um dieses größer und gegensätzlicher gewordene Gebilde Bundesrepublik Deutschland zusammenzuhalten. Wenn dies anhält, würde zwar weiterhin die Einbürgerung der ethnischen Spaltung der Gesellschaft entgegenwirken, sie aber kaum verhindern. Schon jetzt ist es kaum möglich, den Neu- wie den Altdeutschen begreiflich zu machen, daß jemand, der die deutsche Staatsangehörigkeit erworben hat, damit rechtlich und der gesellschaftlichen Zielsetzung folgend Deutscher geworden ist und nicht nur einen neuen Paß erhielt.

Einer grundlegenden Quelle der Mißverständnisse zwischen den Menschen, deren Schicksal durch die Einwanderung und die Gastarbeiterpolitik bestimmt wurde und wird, und der übrigen Bevölkerung, könnte allerdings durch eine vermehrte Einbürgerung entgegengewirkt werden: Der sehr weitgehenden gegenseitigen Unkenntnis. Die Menschen leben nebeneinander her, haben begrenzte soziale Kontakte, ohne Lebensbedingungen und Denkweise der anderen zu verstehen. Eine wichtige Quelle der Mißverständnisse liegt darin, daß sich ein großer Teil der türkischen Immigranten aus türkischen Zeitungen und Fernsehprogrammen über Deutschland und seine Beziehungen zu den Immigranten und zur Türkei informiert und dadurch ein ganz anderes Bild gewinnt als der Konsument deutscher Medien. Würde endlich der vor den Grundlagen der Demokratie unerträgliche Zustand beendet, daß ein erheblicher Teil der ständigen Bevölkerung ohne Staatsangehörigkeit und Wahlrecht ist, würden mit Sicherheit die politischen Parteien vermehrt Kandidaten aus dem Einwanderermilieu aufstellen mit der Folge, daß wenigstens im politischen System das Verständnis für die Lage der Einwandererbevölkerung wachsen würde. Dies könnte einen gesellschaftlichen Lernprozeß einleiten. Die Furcht, daß bei einer zahlenmäßig umfangreichen Einbürgerung Immigrantenparteien entstehen würden, ist angesichts der politischen Zersplitterung der Immigrantenbevölkerung und der Bedingungen des politischen Systems, insbesondere der 5%-Klausel, völlig unbegründet. Auch die Furcht, daß die Stimmen der Immigranten nur bestimmten Parteien zugute kommen würden, ist nach allen empirischen Untersuchungen unrealistisch.

Ein grundlegendes Mißverständnis liegt darin, daß Abstammungsdeutsche ihr sozialisationsbedingtes ethnisches Denken ohne weiteres auch auf die Bevölkerung türkischer Abstammung übertragen. Daß die Türkei ein multi-ethnischer Staat ist und die Bezeichnung als Türke im kemalistischen Sinne keine ethnische Einordnung bedeutet, ist für Deutsche und gerade für Linke in der Regel unverständlich. Gerade Linke tendieren daher dazu, den Konflikt mit der PKK ausschließlich unter ethnischen Gesichtspunkten zu sehen. Daß es Türken kurdischer Abstammung oder Ethnizität gibt, ist für sie unverständlich. Unakzeptabel ist allerdings auch die Kriminalisierung eines kurdischen Selbstverständnisses durch die türkische Politik.

Die Liste der Mißverständnisse ließe sich leicht verlängern. Darüber würde allerdings vergessen, daß in vielen Bereichen trotz aller politischer Versäumnisse und zahlreicher Mißverständnisse die Einwanderung ein großartiger Erfolg geworden ist. Davon zeugen die vielen Kinder der Immigranten an den deutschen Universitäten und Gymnasien. Davon zeugen zahlreiche erfolgreiche Unternehmer und Geschäftsleute. Das Leben in den deutschen Städten ist durch die Einwanderung ohne Zweifel bunter und lebenswerter

Mißverständnisse, Versäumnisse, Konflikte und Gelingen.

geworden. Wer sehen wollte, wie Deutschland vor der Einwanderung aussah, konnte sich dessen nach 1990 in ostdeutschen Städten vergewissern. Wer sich zur Auswanderung entschließt, ist in der Regel aktiver und aufstiegsorientierter als die übrige Bevölkerung. Dies ermöglicht ihm, im Einwanderungsland manche Hürden, auch sozialpsychologischer und politischer Art zu überwinden. Es sei auch nicht vergessen, daß viele Abstammungsdeutsche, Arbeitskollegen, Vorgesetzte, Lehrer, Polizeibeamte, Nachbarn mit großer Bereitschaft auf die Eingewanderten zugegangen sind und weiter auf sie zugehen. Enttäuschungen konnten dabei nicht ausbleiben, zumal wenn man berücksichtigt, daß die Einwanderung rechtlich und gesellschaftlich auch heute noch nicht als unwiderrufliches Faktum anerkannt ist und damit die Stellung der Immigranten in der Gesellschaft in Frage gestellt bleibt. Dies zeigt die auflösend bedingte deutsche Staatsangehörigkeit der Immigrantenkinder, die angesichts ihrer Vorläufigkeit wiederum die Zugehörigkeit der Kinder zu dieser Gesellschaft nicht eindeutig entscheidet.

Prof. Dr. Helmut Rittstieg ist ordentlicher Professor für Rechtswissenschaft an der Universität Hamburg.

12. Integration und Toleranz

Das Integrationskonzept der Union

Jürgen Rüttgers

I.

Daß Türken in Deutschland und türkisch-stämmige Deutsche in dieser Gesellschaft gleichberechtigt leben und arbeiten können, daß sie wie jeder andere Deutsche und jeder andere Ausländer in diesem Land ihr Glück suchen und mit ihren Familien in Frieden und Sicherheit ihr Auskommen finden können, das ist es, worum es eigentlich geht. Und dieses eigentliche Ziel darf auch bei allen erregten Diskussionen des Tages um statusrechtliche Detailfragen nicht verdrängt oder aus den Augen verloren werden.

Gerade in bezug auf den türkischstämmigen Bevölkerungsteil in Deutschland gilt, daß sie einst von Deutschland aus und durchaus im deutschen Interesse angeworben und in dieses Land gebeten wurden. Sie selber und ihre Kinder sollen darum in diesem Land auch weiterhin leben können. Und sie sollen auch, wenn sie sich diesem Land zugehörig fühlen, Deutsche werden, das heißt die deutsche Staatsangehörigkeit erwerben können.

Aber nicht nur wenn sie Deutsche werden, sind sie willkommen. Einbürgerungsdruck oder Zwangseinbürgerung von Kindern kann nicht deutsche Politik sein. Auch wer die Staatsangehörigkeit seiner Eltern beibehalten will, hat in dieser Gesellschaft seinen Platz und ein gesichertes Aufenthaltsrecht.

Worum es geht, ist Integration, nicht Assimilation. Integration erfordert Toleranz für andere Lebensart einerseits und das Bemühen sich einzufügen andererseits. Sie erfordert nicht die Aufgabe der eigenen Wurzeln, der eigenen Kultur und Religion. Aber sie bedeutet andererseits auch mehr als das bloße Nebeneinander unverbundener Parallelgesellschaften auf Dauer. Das Ziel muß sein eine Kultur der Toleranz und des Miteinanders.

II.

Wer für das Ziel der Integration gewonnen ist, der kann nicht „Ausländer raus" brüllen oder sich im selbstgewählten Ghetto isolieren. Die CDU wirbt darum seit langem für die Integration der dauerhaft und rechtmäßig bei uns lebenden Ausländer. Bereits in ihrem Ludwigshafener Grundsatzprogramm von 1978 wird aus der Grundwertebindung christlich- demokratischer Politik die Verpflichtung zur „sozialen Integration der ausländischen Arbeitnehmer und ihrer Familien in unsere Gesellschaft" abgeleitet. Daneben steht schon damals – vielleicht noch mit leicht anderer Akzentsetzung als heute – die Erhaltung der kulturellen Eigenständigkeit, die Offenhaltung der Rückkehroption bei freier Wahl der eigenen personalen und beruflichen Zukunft und die besondere Sorge um die hier aufwachsenden Kinder.

Viel ist seither geschehen. Bei vielen der einstmals aus der Türkei Zugewanderten ist seitdem die Entscheidung über die eigene personale und berufliche Zukunft zugunsten Deutschlands ausgefallen. Das 1991 während der Regierungszeit Helmut Kohls von Wolfgang Schäuble als Innenminister erarbeitete neue Ausländergesetz zog bereits die Konsequenzen aus der gewandelten Lage, indem es den dauerhaft hier lebenden Ausländern eine gesicherte Aufenthaltsperspektive schafft und neben die Möglichkeit der Einbürgerung nach behördlichem Ermessen klare Einbürgerungsansprüche stellt.

Das gültige CDU-Grundsatzprogramm von 1994 stellt sich in einem eigenen Kapitel bewußt auf die Tatsache ein, daß mit dem Prozeß der europäischen Einigung und mit der internationalen Verflechtung Deutschlands mehr Deutsche in anderen Ländern und mehr Menschen aus anderen Ländern in Deutschland leben werden. Begrenzung des weiteren Zuzugs und Integration der hier lebenden Ausländer ist das Ziel. Ausländische Mitbürger bereichern aus Sicht der CDU mit ihren Beiträgen unser Leben, aber es wird auch nicht ignoriert, daß die Gemeinschaft mit Menschen aus anderen Kulturkreisen auch Probleme und Ängste mit sich bringt, die zu Fremdenfeindlichkeit und Ausländerhaß führen können. Die CDU wendet sich klar gegen jede Form der Diskriminierung und Gewalt und setzt auf gegenseitigen Respekt und ein Klima wechselseitiger Partnerschaft und Toleranz. Integration und Toleranz sind schon hier der Nenner, auf den die Zielvorstellung der Union gebracht wird. Gefordert wird auch, die Möglichkeit zur Einbürgerung ausländischer Mitbürger zu erleichtern, wobei allerdings Mehrfachstaatsangehörigkeiten die Ausnahme bleiben müssen.

In der letzten Koalitionsvereinbarung von CDU/CSU und F.D.P. ist 1994 eine grundlegende Reform des Staatsangehörigkeitsrechts vereinbart worden. Bekanntlich ist es dazu in der 13. Legislaturperiode nicht mehr gekommen; ausweislich der gemeinsamen Wahlplattform zur Bundestagswahl von 1998 stand aber für CDU und CSU eine Reform für die jetzige 14. Wahlperiode wieder auf der Tagesordnung.

III.

Der Wähler hat anders entschieden.

Der neuen Regierung aber ist in der Koalitionsvereinbarung nach der Bundestagswahl im letzten Herbst und seither trotz 16jähriger Vorbereitungszeit in der Opposition zum Thema Integration nicht viel mehr eingefallen als eine Änderung des Staatsangehörigkeitsrechts zur generellen Hinnahme von Mehrstaatigkeit. Alles wird hier von einer Änderung des rechtlichen Status erwartet, ohne Sinn für das eigentliche Ziel von Integrationspolitik und ohne Gespür für die tatsächliche Befindlichkeit der Bevölkerung, von deren Aufnahmebereitschaft letztlich jede Integrationspolitik abhängt.

Das Ergebnis der zum Plebiszit über die Ausländerpolitik der Regierung Schröder geratenen Landtagswahl in Hessen war die Quittung. Auch wenn die Union aus verschiedenen, hier nicht zu erörternden Gründen 1998 im Bundestag die Mehrheit verloren hatte, in der Frage der Staatsangehörigkeit lag sie offenbar näher bei der Meinung der Mehrheit der Menschen im Land, als die neue Regierung.

Um die in der Bevölkerung mehrheitlich geteilte Position zum Staatsangehörigkeitsrecht, die sie nach dem Verlust der parlamentarischen Mehrheit in Bundestag und Bundesrat mit Erfolgsaussicht nicht mehr repräsentieren konnte, zur Geltung zu bringen, hatten sich CDU und CSU zu einer bundesweiten Unterschriftenaktion zu diesem Thema entschlossen. Die Union warb darin für ein doppeltes Ziel: Für die Integration der dauerhaft und rechtmäßig in Deutschland lebenden Ausländer einerseits und gegen die Einführung der generellen doppelten Staatsangehörigkeit für alle Ausländer in Deutschland andererseits.

In der öffentlichen Diskussion wurde diese doppelte Zielsetzung zunächst unvollständig wahrgenommen und häufig auch verzerrt dargestellt. Nicht gegen Ausländer war die Aktion gerichtet, sondern für deren bessere Integration, nicht gegen Einbürgerung, sondern für eine erleichterte Einbürgerung unter Wahrung der Grundprinzipien unseres Staatsangehörigkeitsrechts, und auch nicht gegen jede Hinnahme von Mehrstaatigkeit im Einzelfall, sondern dagegen, daß auch im Normalfall die Aufgabe der alten Staatsangehörigkeit nicht mehr Voraussetzung der Einbürgerung sein sollte. Etwas anderes wäre ein Abrücken von jahrzehntelanger Unionspolitik gewesen.

Worum es eigentlich ging, ist aus dem zugrundeliegenden Eckpunktepapier „Integration und Toleranz" ersichtlich, das von einer Kommission führender Innenpolitiker aus CDU und CSU unter meiner Leitung am 12.01.1999 erarbeitet und von der gemeinsamen Bundestagsfraktion am 19.01.1999 mit großer Mehrheit beschlossen worden ist.

Darin enthalten sind Eckpunkte für ein Integrationskonzept zur Zuwanderungsbegrenzung und für ein neues Staatsangehörigkeitsrecht. Diese sind anschließend als Anträge bzw. als eigener vollständiger Gesetzentwurf der CDU/CSU-Fraktion im Deutschen

Bundestag eingebracht worden (Bundestags-Drucksachen 14/532, 14/534 und 14/535).

IV.

Worum geht es darin der Union?

Zur Reform des Staatsangehörigkeitsrechts wird ein umfassender Gesetzentwurf vorgelegt, der sich nicht wie in den vergangenen Jahrzehnten und in den aktuellen Entwürfen von Regierungsseite mit Einzelkorrekturen aufhält, sondern die Materie von Grund auf neu regelt.

Wir wollen eine Reform des Staatsangehörigkeitsrechts, die den Ausländern, die sich in die deutschen Lebensverhältnisse eingeordnet haben und die sich auf Dauer für Deutschland als ihren Lebensmittelpunkt entscheiden, die Einbürgerung erleichtert. Unabdingbar für die Einbürgerung ist die Beherrschung der deutschen Sprache. Sie ist grundlegende Voraussetzung und Schlüssel für Integration.

Wir halten am Grundsatz der Vermeidung von Mehrstaatigkeit fest. Wer sich einbürgern lassen will, muß sich für Deutschland entscheiden. Ausnahmen sollen wie bisher in Betracht kommen, wenn die Aufgabe der bisherigen Staatsangehörigkeit nicht möglich oder im Einzelfall nicht zumutbar ist. Eine regelmäßige doppelte Staatsangehörigkeit halten wir mit der Mehrheit der Bürger für falsch. Durch sie wird die Integration nicht gefördert, sondern erschwert.

Erleichtern wollen wir die Einbürgerung der langfristig in Deutschland lebenden Ausländer, indem sie künftig bereits nach 10 Jahren (bisher: 15 Jahre) einen Einbürgerungsanspruch haben sollen.

Insbesondere den hier geborenen Kindern von Ausländern, die seit langem in Deutschland ansässig sind, soll das Hineinwachsen in die deutsche Staatsangehörigkeit durch eine Einbürgerungszusicherung erleichtert werden. Mit der Einbürgerungszusicherung läßt sich die Integration der Kinder weiter verbessern. Ihnen werden deutsche Kinderausweise ausgestellt. Mit 16 bekommen sie einen deutschen Personalausweis. Sie bringt zudem wesentliche ausländerrechtliche und beamtenrechtliche Vorteile mit sich.

Daneben bestünde natürlich weiterhin die Möglichkeit für die Eltern, sich und ihre Kinder nach den allgemeinen Regeln einbürgern zu lassen.

Zukunftsweisend wird m. E. vor allem das von der Union vorgelegte Integrationskonzept sein.

Unter dem Blickwinkel der Integrationsproblematik werden darin behandelt die Themenbereiche Sprache, Familie, Schule und Bildung, Arbeit und Ausbildungsplätze, Mittelstand und Selbständigkeit, Sicherheit und Polizei, Landesverwaltung und Kommunen, Bundeswehr und Zivildienst, Vereine und Parteien, Kultur und Religion sowie Medien und Öffentlichkeit.

Daraus ergeben sich für uns unter anderem folgende Forderungen:

– Ausweitung der Sprachförderung und finanzielle Beteiligung des Bundes;
– Verkürzung der Fristen für Verfestigung des Aufenthaltsstatus, Arbeits- und Gewerbeerlaubnisse und die Erteilung und Verlängerung von Aufenthaltserlaubnissen bei Nachweis guter Sprachkenntnisse;
– Förderung ausländischer Kinder in Kindergärten und in der Vorschulzeit;
– schulbegleitende Sprachkurse für ausländische Mütter;
– Neukonzeption des muttersprachlichen Unterrichts mit dem Ziel der besseren Integration in die deutsche Gesellschaft;
– berufsvorbereitende Maßnahmen und Öffnung des starren Arbeitsmarkts durch Spreizung der Lohngruppen;
– Förderung ausländischer Existenzgründungen in Deutschland;
– Mobilisierung des ausländischen Mittelstands für die Lehrlingsausbildung;
– Einstellung von Polizeibeamten ausländischer Herkunft;
– Verhinderung von Ghettobildung durch Stadtentwicklungsplanung;

Integration und Toleranz

- Integration ausländischer Mitbürger in Vereine, besonders Sportvereine;
- Verstärkte Aufnahme von Mitbürgern ausländischer Herkunft in die demokratischen Parteien und Berücksichtigung bei den Wahlvorschlägen der Parteien;
- Herstellung der Voraussetzungen für einen islamischen Religionsunterricht an den öffentlichen Schulen, der der staatlichen Schulaufsicht unterliegt;
- Berücksichtigung des ausländischen Bevölkerungsanteils in den Sendungen der Rundfunkanstalten.

Eine vernünftige Ausländerpolitik kann nur in der Balance zwischen Integration und Zuzugsbegrenzung gelingen. Wer für Integration ist, muß zugleich auch für Zugangsbegrenzung sein. Vermehrte Zuwanderung würde die Integrationswilligkeit von vielen Menschen in Deutschland überfordern. Weitere Altfallregelungen lehnen wir darum ab. Das Nachzugsalter für Kinder (derzeit bis 16 Jahre) wollen wir absenken. Sachgerecht erscheint eine Altersgrenze von höchstens 10 Jahren. Nur dann eröffnet sich den jungen Ausländern eine realistische Integrationschance.

V.

Der grundlegenden Bedeutung der Frage der Staatsangehörigkeit in einem demokratischen Staatswesen angemessen und integrationspolitisch wünschenswert wäre eine Neuregelung des Staatsangehörigkeitsrechts im breiten Konsens der politischen Kräfte und unter Rücksicht auf die Meinung der Mehrheit der Bevölkerung. Es liegt an der Regierung, ob sie den Konsens ernsthaft sucht oder der Verlockung erliegt, die momentane parlamentarische Mehrheit auszunutzen.

Unabhängig vom Ausgang des Gesetzgebungsverfahrens im Bundestag und Bundesrat und den möglichen verfassungsrechtlichen Weiterungen: Die Integration der dauerhaft und rechtmäßig in Deutschland lebenden ausländischen Mitbürgerinnen und Mitbürger bleibt ein Thema von großer Bedeutung für die Zukunft und den inneren Frieden unseres Landes. Sie wird darum auch künftig eines der zentralen Themen der Union sein. Und sie wird das Thema der in Deutschland lebenden Türken und der türkischstämmigen Deutschen sein.

Dr. Jürgen Rüttgers, MdB/CDU, Bundesminister a.D. und stellvertretender Vorsitzender der CDU/CSU-Bundestagsfraktion.

13. Bekenntnis zur multiethnischen Gesellschaft von Morgen

Theo Sommer

Wie weit reicht Deutschland? Die jüngste, kontrovers geführte Diskussion um die doppelte Staatsbürgerschaft wirft die Frage nach den inneren Grenzen des Landes auf.

Es leben heute 2,3 Millionen Türken in der Bundesrepublik. Wollen wir sie integrieren – oder sollen sie ausgegrenzt bleiben? Wollen sie sich integrieren – oder wollen sie sich selber an den Rändern unserer Gesellschaft isolieren?

Sind sie Gäste – erwünschte oder unerwünschte – oder stellen sie eine Bereicherung unseres Landes dar?

Sind sie Arbeitskräfte – unentbehrliche oder überflüssige Arbeitskräfte?

Sind sie Deutsche *in spe* – vollgültige Bürger von morgen anstelle der in ihren Rechten auf ein Minimum beschnittenen „Mitbürger" von heute?

Oder sind sie Abschiebekandidaten – Opfer im Wartestand einer künftigen ethnischen Säuberung auf administrativem Wege?

Es ist höchste Zeit, daß wir diese Fragen offen diskutieren. Meine eigene Position ist seit langem klar – und ich vertrete diese Position auch angesichts einer Flut von unflätigen Zuschriften auf meine Artikel, ohne mich beirren zu lassen. Ich bin kein blauäugiger Anhänger einer multikulturellen Gesellschaft, in der es neben türkischen, griechischen, afghanischen und anderen Ghettos auch eine Handvoll Ghettos für Deutsche gibt. Wohl aber bin ich der Auffassung, daß die 2,3 Millionen Türken zu uns gehören in der multiethnischen Gesellschaft von morgen, in der es viele Bindestrich-Deutsche geben wird: Turko-Deutsche, Italo-Deutsche, Graeco-Deutsche. Ich bin dafür, daß wir ihnen eine Heimat bieten, so sie dies wollen, wie wir einst den Hugenotten eine

Heimat geboten haben. Warum sollen sie nicht in die Fußstapfen der Szymaniaks und Szymanskis treten, der Maizières und der Cartellieris?

Wir haben sie zu uns geholt, als nach dem Bau der Mauer der Zustrom von Flüchtlingen aus der DDR versiegte. Das Wirtschaftswunder brauchte Arbeitskräfte. Im November 1961, drei Monate nach dem Mauerbau, kamen die ersten 2500 türkischen Gastarbeiter ins Land. Inzwischen sind es fast tausendmal mehr – Türken und Kurden mit türkischem Paß. Sechzig Prozent sind schon länger als zehn Jahre in Deutschland, die Hälfte über 15 Jahre, ein Viertel über 25 Jahre. Fast zwei Drittel sind schon bei uns geboren. Inzwischen ist die dritte Generation herangewachsen. Eine halbe Million türkischer Kinder besucht unsere Schulen; 20.000 junge Türken - „Bildungsinländer" – studieren an unseren Universitäten. Sie haben keine andere Heimat als Deutschland. Immer weniger wollen zurück. Auch die Überweisungen in die Türkei schrumpfen von Jahr zu Jahr. Die Türken investieren ihr Erspartes lieber in Deutschland.

Die wirtschaftliche Integration der Türken in Deutschland ist weit fortgeschritten. Wirtschaftlich sind die Türken in Deutschland längst integriert. Ihr Anteil an den Erzeugnissen „Made in Germany" ist unbestreitbar. Sie zahlen jährlich 2,5 Milliarden Mark an Rentenbeiträgen, 8,5 Milliarden an Lohn- und Einkommenssteuer und 500 Millionen an Solidaritätsbeitrag. Im Jahre 1975 gab es hierzulande 100 türkische Unternehmer, heute sind es 47.000, in fünfzehn Jahren werden es 100.000 sein. Heute schon sichern sie 200.000 Arbeitsplätze (von denen 60.000 an Deutsche gehen). Ihr Umsatz beträgt jetzt 34 Milliarden Mark, ihr jährliches Investitionsvolumen 8,3 Milliarden. Und sie investieren längst nicht mehr bloß in Döner-Buden und Änderungsschneidereien, sondern haben sich im Einzelhandel, auf dem Bausektor, in Brot- und Fleischfabriken, im Tourismus, Software-Service und Unternehmensberatungen ihren Platz erobert. Nach einer Kalkulation des Zentrums für Türkeistudien erwirtschaften die Türken hierzulande 69 Milliarden unseres Bruttoinlandsproduktes von 3.612 Milliarden Mark.

Bekentnis zur multethischen Geselschaft von Morgen

Immer öfter tauchen türkische Namen in den Vorspännen und Abspännen von Fernsehfilmen auf. Schauspieler türkischer Herkunft wie Renan Demirkan haben sich in die Herzen des Publikums gespielt; immer mehr Schriftsteller türkischer Abstammung schreiben auch auf deutsch; türkische Pop- und Rockgruppen und Sänger wie Tarkan stürmen die Charts.

Dennoch leben die meisten Türken bei uns in einem schändlichen Apartheidssystem. Sie dürfen Steuern zahlen, aber sie haben keine Stimme. Wir nennen sie „Mitbürger"; in Wahrheit sind sie Bürger zweiter Klasse; Heloten. Noch herrscht der Köhlerglaube vor, sie gehörten nicht hierher und kehrten ja doch eines Tages nach Anatolien zurück. Aber sie gehören zu uns – und sehr viele wollen auch zu uns gehören. In jedem Monat stellen 14.000 einen Einbürgerungsantrag. Genehmigt wird nur ein Bruchteil. Ginge es in dem Tempo weiter, das von 1977 bis 1990 im Schwange war (insgesamt 13.000 Einbürgerungen), so würde es 230 Jahre dauern, bis alle einen deutschen Paß hätten. Eine absurde Vorstellung. Die großzügigere Handhabung in den letzten drei Jahren läßt sich immerhin als ein richtiges Signal verstehen: Rund 200.000 Türken sind mittlerweile eingebürgert worden. Das neue Staatsbürgerschaftsgesetz wird weitere Erleichterung bringen.

Wenn wir wirklich Integration wollen, dürfen wir die Einbürgerung nicht scheuen. Integration geht nicht ohne Einbürgerung derer, die eingebürgert werden wollen. Aus Türken in Deutschland sind inzwischen deutsche Türken geworden, aus deutschen Türken werden Türkendeutsche. Das endlose Zaudern und Zögern wegen der Doppelstaatsbürgerschaft ist ebenso empörend wie die Verwaltungsschikane des Kindervisums. Bei englischen Lords, afrikanischen Fußballspielern und Millionen Aussiedlern aus Osteuropa stört uns das Doppelstaatlertum ja auch nicht. Warum also bei den Türken?

Sie sind keine Belastung, sondern eine Bereicherung. Sie bringen Fleiß, Farbe, Abwechslung ins Land. Und sie verdienen, so sie dies wollen, die deutsche Staats*an*gehörigkeit, nicht nur eine vage und diskriminierende Staats*zu*gehörigkeit. Ich werde jedenfalls nicht müde werden, dies zu fordern; dazu das Kommunalwahlrecht für alle; und obendrein Runde Tische für sämtliche Gemeinden mit starkem türkischen Bevölkerungsanteil – nicht nur, wenn irgendwo eine Unterkunft brennt, sondern ständig.

Mir bereiten zwei gegenläufige Tendenzen unserer Zeit Sorgen. Auf der einen Seite macht die faktischer Integration der Türken in Deutschland beachtliche Fortschritte. Sie steigen auf. Auf der anderen Seite jedoch ziehen sich viele Jugendliche der dritten Generation – entwurzelt, zu Hause weder hier noch dort, von der Arbeitslosigkeit besonders hart betroffen – hinter selbsterrichtete Ghettomauern zurück. Sie verweigern sich der Integration. Dies ist eine höchst bedenkliche Entwicklung. Wir müssen dringend etwas dagegen unternehmen.

Am Umgang mit den Ausländern in unserer Mitte, in erster Linie an der größten Gruppe, den Türken, muß sich die Weltoffenheit, die Liberalität und Humanität unseres Staates und unserer Gesellschaft erweisen. Hier ist der Prüfstein für die Echtheit unseres Bekenntnisses zu Demokratie und Menschlichkeit.

Die Integration der Türken in Deutschland ist eine Aufgabe von hohem geschichtlichen Rang. Allen Schwierigkeiten zum Trotz sollten wir uns nicht entmutigen lassen. Es gibt keine entscheidenden zivilisatorischen, kulturellen oder religiösen Hemmnisse, an denen die Verwirklichung der Integrationsaufgabe scheitern müßte, wenn wir uns nicht davon abbringen lassen, einander als Menschen, als Demokraten zu begegnen – und wenn wir den Türken bei uns ohne bürokratische Engherzigkeit und völkische Engstirnigkeit gewähren, was ihnen gebührt: unseren Paß.

Dr. Theo Sommer ist Herausgeber der renommierten Wochenzeitschrift „DIE ZEIT".

14. Plädoyer für eine neue Gesellschaft

Cornelie Sonntag-Wolgast

Vielleicht werden wir uns in einigen Jahren beinahe fassungslos fragen, warum 1999, an der Schwelle des neuen Jahrtausends, der „große Wurf" für eine zukunftsweisende Reform des Staatsangehörigkeitsrechts nicht gelungen ist und einer eher behutsamen Neuerung weichen mußte. Die Chancen standen doch gut. Nach jahrelangem Streit um das veraltete Gesetz sollte endlich, mit Beginn der rot-grünen Ära in Bonn, der Durchbruch geschafft werden. Die Vorarbeiten waren geleistet, die politischen Forderungen der Parteien, so schien es, der Allgemeinheit bekannt.

Und doch kam alles anders. Viele Wochen lang tobte in der Bundesrepublik ein heftiger Streit; selten zuvor beherrschte ein ausländerpolitisches Thema so dauerhaft das öffentliche Interesse. Die Landtagswahl in Hessen zwang die Bundesregierung, bei den Reformplänen deutliche Abstriche zu machen. Diese Gesellschaft ist offenbar für eine grundlegende Neuorientierung im Verhältnis zwischen Einheimischen und Zuwanderern nicht ausreichend vorbereitet. Dieser Prozeß muß nun nachgeholt werden, und daran müssen wir, die politisch Verantwortlichen, mithelfen. Ich persönlich, die ich mir weiterreichende Lösungen gewünscht hätte, stelle das ernüchtert fest.

Natürlich tragen CDU und CSU an dieser Entwicklung ein gerüttelt Maß an Verantwortung. Mit ihrer Unterschriftenaktion gegen die „doppelte Staatsbürgerschaft" haben sie einen Keil zwischen Menschen deutscher und nichtdeutscher Herkunft getrieben. Sie haben diese Gesellschaft polarisiert und es sogar billigend in Kauf genommen, daß Rechtsradikale ihnen applaudierten und blanker Fremdenhaß manche Menschen mit der Frage „Wo kann ich hier gegen Ausländer unterschreiben" zu den Info-Ständen trieb. Sie haben desinformiert, indem sie den Eindruck erweckten, die „doppelte Staatsbürgerschaft" würde jetzt in Deutschland „eingeführt" und sei dazu angetan, unser gesamtes soziales Gefüge durcheinanderzubringen.

Die perfideste Form der Verhetzung war wohl die abstruse Äußerung von CSU-Politikern, mit der beabsichtigten Reform machten sich Zustände hierzulande breit, die gefährlicher seien als die Bedrohung durch die RAF. Leider hat sich bestätigt: Mit Angstmache kann man Bürger mobilisieren. Und: Es ist leicht, simplen Protest nach dem Motto „Wir sind dagegen" zu organisieren. Mit rationalen Argumenten und differenzierter Sachinformation für eine Neuerung anzutreten, ist allemal schwieriger. Das muß ich all denen sagen, die jetzt meinen, die umfassende Reform des Staatsangehörigkeitsrechts sein mangels einer schlagkräftigen Gegenoffensive gescheitert.

Dritter Schwachpunkt: Die Diskussion um die Neuerung hat sich viel zu stark auf das Schlagwort „Doppelpaß" verengt. Dazu hat leider auch die Berichterstattung in den Medien beigetragen, die ansonsten den ursprünglichen Entwurf für das Gesetz mehrheitlich – bis hinein in die konservative Presse – sehr positiv und konstruktiv bewertet haben. Viele Menschen aber hörten nur noch „Doppelpaß" und verbanden damit die Vorstellung, Ausländer bekämen etwas „doppelt", was sie, die Einheimischen, nur „einfach" besäßen. Argwohn machte sich breit; das Gefühl, gegenüber den Migranten ins Hintertreffen zu geraten. Wenn ich mit Bürgern ruhig darüber sprach, ihr Irrtümer zurechtrückte, dann waren sie auch zu überzeugen. Aber ein paar Sätze und Minuten mehr sind dazu nun mal nötig, als nur mit einem markigen „Nein" seine Meinung zu Papier zu bringen.

Das tiefsitzende Mißtrauen gegen die Mehrstaatigkeit geht weit über die CDU/CSU-Klientel (von rechtsradikal Gesonnenen ganz zu schweigen) hinaus; es hat auch größere Teile der SPD-Stammwählerschaft im Griff. Und das gibt zu denken. An vielen Menschen ist offenbar die jahrelange Diskussion um das Staatsbürgerschaftsrecht vorbeigegangen. Ein älterer Mann in meinem Wahlkreis an der schleswig-holsteinischen Westküste, aufrechter

Plädoyer für eine neue Gesellschaft

und engagierter Sozialdemokrat seit vielen Jahren, erzählte mir auf dem Höhepunkt der hitzigen Auseinandersetzung: „Wenn Du mir noch vor zwei Monaten gesagt hättest: lange hier lebende Ausländer sollen bei der Einbürgerung ihren alten Paß behalten dürfen – dann hätte ich sofort gesagt: wozu das? Der soll sich eindeutig entscheiden, und damit basta. Jetzt, wo ich mich gründlicher über die Angelegenheit informiert habe, sehe ich das anders. Aber erstmal sagt man doch nein."

Ich war erstaunt. Hatten wir Sozialdemokraten nicht in mehreren Parteitagsbeschlüssen über die Jahre hinweg unseren Standpunkt festgelegt? Hatten wir nicht immer wieder gesagt: Wer hier in Deutschland als Ausländer dauerhaft lebt, hier arbeitet, Steuern und Sozialabgaben zahlt und unsere Gesellschaft auch kulturell bereichert, soll endlich auch die gleichen Rechte und Pflichten haben wie die Deutschen? Und hatte ich nicht schon 1988, als ich als Abgeordnete ins Parlament einzog, einen Antrag der SPD-Bundestagsfraktion mit der Überschrift „Automatischer Erwerb der deutsche Staatsangehörigkeit mit der Geburt" bearbeitet? Hatten meine Genossinnen und Genossen an der Basis denn nicht unsere jahrelangen Bemühungen verfolgt, aus der Opposition heraus die Reform des Staatsangehörigkeitsrechts in Gang zu bringen, weil fortschrittliche Kräfte in der damaligen Koalition – in den Reihen der FDP, aber auch bei jüngeren Abgeordneten der CDU/CSU – ähnliche Ziele verfolgen wie wir?

Die desillusionierende Erkenntnis heute lautet: Nein. Interessiert hat das Thema offenkundig nur einen kleineren Teil der Öffentlichkeit. Oder aber: Viele haben unser Tun und Reden zwar beobachtet, aber für unerheblich erachtet, solange uns die Mehrheit zur Durchsetzung unserer Forderungen fehlte. Erst jetzt, wo wir die Chancen zur Realisierung haben, regt sich Anteilnahme – und Widerspruch! Was also muß geschehen, um die Menschen, wie es im Politiker-Jargon so schön heißt, „mitzunehmen"?

Zunächst müssen wir Angst und Unsicherheit abbauen. Das ist nicht leicht. Angst ist der Feind vieler Reformen. Wer befürchtet, daß etwas Bedrohliches, Unberechenbares auf ihn zukommt, sperrt sich gegen Neuerungen. Angst vor der Zukunft, Sorge um den Arbeitsplatz und die Ausbildungschancen, schlechte Erfahrungen mit Lohndumping und der Ausbeutung osteuropäischer Arbeiter sind Störfaktoren im Ringen um durchgreifende Veränderungen, zumal viele Menschen beim Thema „Ausländer" die unterschiedlichen Gruppen und Problemkomplexe miteinander vermengen. Da wird alles „Fremde" in einen Topf geworfen: Bürgerkriegsflüchtlinge und längst hier verwurzelte Migranten, Asylbewerber und Aussiedler, minderjährige Drogendealer und harmlose Jugendliche nichtdeutscher Herkunft, gewalttätige PKK-Sympathisanten und friedliche Kurden. Völlig zu Recht registrierte ein Leitartikel der „Woche" kürzlich: „Für die ohnehin aufgeladene Debatte über die Reform des deutschen Staatsangehörigkeitsrechts verheißen die internationalen Krisen zweifellos zusätzlichen Zündstoff. Denn es wächst, das ist mit Händen zu greifen, neue Angst vor den Ausländern. Wenn Öcalan nun vor Gericht steht, gar zum Tode verurteilt wird, und wenn gleichzeitig im Kosovo wieder Blut fließt, dann brechen stählernde Zeiten aus."

Mit anderen Worten: Innenpolitik und Außenpolitik sind nicht mehr streng voneinander zu trennen. Beides prägt die Atmosphäre in der Bundesrepublik, wenn es um das Verhältnis zwischen Deutschen und Zuwanderern geht. Und das Barometer steht nicht auf Schönwetter. Deshalb haben wir uns entschlossen, eine bescheidene Reform hier und jetzt zu verwirklichen, anstatt uns der trügerischen Hoffnung auf bessere Zeiten hinzugeben und das Gesetzesvorhaben auszusetzen.

Nun wird es also nicht zu der von vielen geforderten generellen Hinnahme der Mehrstaatigkeit kommen. Kinder aus Migrantenfamilien werden zwar automatisch mit der Geburt Deutsche, müssen sich aber mit Eintritt der Volljährigkeit für eine Staatsangehörigkeit entscheiden. Immerhin: Älteren Migranten wird der Verzicht auf die bisherige Staatsangehörigkeit nicht unbedingt abverlangt, wenn damit eine unzumutbare Härte verbunden wäre. Und Fristen zur Erlangung des Anspruchs auf Einbürgerung werden deutlich verkürzt. Vor allem aber: Das hergebrachte „Abstammungsprin-

Plädoyer für eine neue Gesellschaft

zip" (ius sanguinis) im deutschen Staatsangehörigkeitsrecht wird durch das Territorialprinzip (ius soli) ergänzt. Das allein ist eine fundamentale Neuerung und ein deutlicher Fortschritt. Es ist künftig nicht mehr entscheidend, welches Blut in den Adern eines Menschen fließt. Es kommt darauf an, wo er lebt und verwurzelt ist. Das alles wird die Spannungen zwischen der „Mehrheitsgesellschaft" in Deutschland und der größten Zuwanderergruppe, den Türken, nicht völlig beseitigen. Aber es wird einen Grundstein legen für neues Denken, neue Erfahrungen im Umgang miteinander. Nach jahrelangem Stillstand in der Ausländerpolitik ist damit endlich Bewegung spürbar, wird das überfällige Signal an die Menschen gesendet. Es lautet: Wir wollen freundschaftlich und in Partnerschaft miteinander leben. Und wir möchten, daß möglichst viele von Euch mit vollen Rechten und Pflichten dabei sind.

Ich finde es nicht übertrieben, von einem der ersten Reformwerke der Ära Schröder mit gesellschaftspolitischer Innovationskraft zu reden. Aber es gilt nur dann, wenn beide Seiten – sowohl die Deutschen als auch die zugewanderten Bürgerinnen und Bürger – sich auf diesen Wandel offensiv und in gegenseitiger Sympathie einlassen. Die deutsche Mehrheit, indem sie endlich zur Kenntnis nimmt, daß es aus vier Jahrzehnten Einwanderung logische Konsequenzen zu ziehen gilt. Und die Migranten dadurch, daß sie das neue Gesetz mit seinen klaren Rechtsansprüchen auch nutzen. Ich wünsche mir, daß die Einbürgerungszahlen deutlich anwachsen und daß sich die Deutschen darüber freuen. Reden wir nicht alle – die CDU/CSU eingeschlossen – von der Integration?

Nun liefert die Staatsangehörigkeitsrechtsreform Integration nicht frei Haus mit. Dazu muß sehr viel mehr im praktischen Alltag geschehen. Aber das Gesetz ist so etwas wie eine Startbahn.

Integration ist ein Prozeß der Annäherung, er verlangt Verständnis und Lernbereitschaft von beiden Seiten. Auch von den Zuwanderern! Solange sie sich als ungebetene Gäste fühlen mußten, reagieren nicht wenige von ihnen verständlicherweise mit Abschottung bis zu militanter Gegenwehr. Jetzt, wo das Zeichen zu gleichberechtigter Partnerschaft gegeben wird, haben auch die Zuwanderer eine Bringschuld. Sie sollten sich auf die deutsche Sprache und die Prinzipien der demokratisch-republikanischen Verfassung in Deutschland einlassen, sollten akzeptieren und mitgestalten, was an menschen- und grundrechtlichen Maximen das Leben hier bestimmt. Dann nützt die Reform allen hierzulande und dient dem inneren Frieden. Es gibt dafür ein simples Sprichwort: „Wie man in den Wald hineinruft, so schallt es heraus". Kurz: Das Prinzip „Gegenseitigkeit" hilft uns weiter.

Ausländer gehören weder in Watte gepackt noch an den Pranger gestellt. Über Jahre hinaus haben wir in Deutschland eine aufgeheizte Diskussion zwischen zwei Fronten erlebt. Den einseitigen Scharfmachern, die mit fremdenfeindlichen Thesen und Begriffen auf Stimmenfang gingen, stand das Lager derer gegenüber, die Flüchtlinge und Migranten fast ausschließlich als Opfer einer gnadenlosen Politik hinstellten. Von beiden Lagern sollten wir uns verabschieden. Raus aus den Gräben der Diffamierer und der Lamentierer! Ich plädiere für eine neue Gesellschaft. Das wäre zwar in der Bundesrepublik etwas ganz Ungewöhnliches, weil die Diskussion um Ausländerpolitik bislang stets emotional geführt wurde. Aber es würde uns allen weiterhelfen.

Dr. Cornelie Sonntag-Wolgast, MdB/SPD, ist Parlamentarische Staatssekretärin beim Bundesminister des Innern.

15. Migranten als Mitbürger, nicht als Ersatzproletariat der deutschen Linken

Bassam Tibi

Unter den vielen Millionen Ausländern, die in Deutschland leben, trägt ein beachtlicher Anteil durch Arbeitsleistung sowie die Entrichtung von Steuern und Sozialbeiträgen das bestehende System mit. Ich möchte ungeschminkt behaupten: Ohne diesen Beitrag von uns Migranten ist die Bundesrepublik nicht funktionsfähig. Diese von mir als deutsche Ausländer bezeichnete Gruppe verdankt ihren Wohlstand und ihre soziale Sicherheit dem demokratischen System. Mit anderen Worten: Unsere, aus vielen Millionen Migranten bestehende Gruppe der deutschen Ausländer gehört zu den systemerhaltenden Kräften dieses Landes. Diese Migranten wollen alles andere, als daß dieses System zusammenbricht. Wir empfinden keine Gemeinsamkeit mit den deutschen Linken in ihrer unaufhörlichen Suche nach einem Ersatzproletariat und lassen uns auch nicht für eine „linke Politik" instrumentalisieren, die nicht die unsrige ist. Wir wollen auch nicht mit Illegalen oder den unter Mißbrauch des Asylrechts Zugewanderten gleichgesetzt werden, nur weil auch wir Ausländer sind.

Integrierte Ausländer führen einen politischen und kulturellen Kampf um Anerkennung und treten dafür ein, daß die Bundesrepublik ein Einwanderungsland ist, damit unser Migrantenstatus anerkannt wird; diejenigen unter uns, die noch keine deutsche Staatsangehörigkeit besitzen, beantragen die Einbürgerung für sich und für ihre Kinder. Aber in unserem Namen eine unbegrenzte Zuwanderung, d. h. auch die massenhafte Einfuhr von Sozialhilfeempfängern aus aller Welt, die die Basis einer Armenkultur bilden werden, zu fordern, liegt nicht in unserem Sinne. Ja, dies gefährdet sogar unsere Integration. Der Grund: Zuwanderung unter Mißbrauch des Asylrechts ohne Chance auf wirkliche Integration führt zu sozialen

Konflikten. Das hängt mit folgendem zusammen: Migranten, die illegal einreisen, sich als Asylanten ausgeben und oft keine oder nur eine geringe Berufsqualifikation aufweisen, bleiben auf Dauer Sozialhilfeempfänger und können nicht integriert werden. Auf diese Weise entstehen soziale Konflikte, die in diesem Fall ethnischen Charakter annehmen. Wir integrierten Ausländer würden aber unwillentlich in den Sog dieser Konflikte geraten, und unsere Integration könnte hierbei zunichte gemacht werden. Wenn es zu Ausschreitungen des rechtsradikalen deutschen Mobs kommt, gehören wir zu denjenigen, die Opfer der Politik sind, die diese Auswüchse ungewollt hervorbringt.

Nach meinen kritischen Anmerkungen kann die Schlußfolgerung nur sein: Die Zuwanderung muß – wie z. B. in den klassischen Einwanderungsländern Nordamerikas und in Australien – an den Arbeitsmarkt des Landes angepaßt werden, auch wenn die Kirchen dies nicht mögen. Diese rationale Politik zu fordern hat nichts mit Rassismus zu tun; vielmehr geht es darum, der Suche von deutschen Linken nach einem Ersatzproletariat einen Riegel vorzuschieben. Die Integrationsfähigkeit von Zuwanderern in Wirtschaft und Gesellschaft hat ihre Grenzen, die zugleich – auch im Interesse des Wohlergehens der deutschen Ausländer – die Grenze der Zuwanderung bestimmen muß. Eine nicht auf diese Weise regulierte Zuwanderung würde zur Entstehung von ethnischen Vorstädten und Randgruppen führen, die für manche deutsche Linke als Ersatzproletariat erwünscht sein mögen, für uns in Deutschland lebende deutsche Ausländer aber die Gefährdung unserer Integration bedeuten. So wie mein deutsch-jüdischer Freund Michael Wolffsohn sich in einem *Frankfurter Allgemeine Zeitung*-Artikel gegen die „deutschen Judenfreunde" gewehrt hat, möchte ich mich als arabisch-muslimischer Deutschländer gegen die "deutschen Ausländerfreunde" zur Wehr setzen. [...] Diese Deutschen verfolgen ihre eigenen ideologischen Ziele, aber nicht unser Wohlbefinden

Migranten als Mitbürger, nicht als Ersatzproletariat

und dürfen nicht ihre „neuartige Vormundschaft" über uns – wie Böckelmann schreibt[1] – per „Selbstanklage und Reue" ausüben.

Die bisherige deutsche Diskussion war von der permissiven *linken* Position „Wir sind *ein* Einwanderungsland" (ohne Einschränkung?) und der exklusiven *rechten* Position „Wir sind *kein* Einwanderungsland" (Festung Deutschland?) beherrscht. Obwohl ich im Dezember 1980 die SPD verlassen habe, weil ich ihre Politik nicht länger mittragen konnte, fühle ich mich dem Denken aufgeschlossener Sozialdemokraten mehr verwandt als dem mancher Politiker, die nur die eigene Wiederwahl im Sinn haben. Es scheint so, daß viele Politiker unter Denken die Formel „Wann ist die nächste Wahl?" verstehen. Das Geschäft der Politik reduziert sich oft auf die Frage „Wann ist die nächste Sitzung?" Einer der früheren *Frankfurter Allgemeine Zeitung*-Redakteure mit verantwortungsethischer Perspektive, Klaus Natorp, hat auf die Statistiken der Zuwanderung hingewiesen: 1995: 793 000, 1996: 707 000, 1997: 615 000. Im Gefolge des Falls der Berliner Mauer bzw. nach dem Ende des Ost-West-Konflikts und parallel zur Öffnung der Grenzen überschritt die Zahl der Zuwanderer in manchen Jahren sogar die Millionengrenze. Dennoch, eine Einwanderungspolitik gibt es nicht. Natorps Schlußfolgerung lautet: „Auf Einwanderungspolitik schlecht vorbereitet."[2] Klaus Natorp beschreibt die gegenwärtige Politik als „Einwanderungs*verhinderungs*politik". Dies gilt übrigens auch für die anderen europäischen Staaten. Entsprechend ist seine Feststellung korrekt:

> „... die Mitgliedsstaaten der Europäischen Union (sind) noch weit davon entfernt, eine gemeinsame Politik zu den Themenkomplexen Einwanderung, Flüchtlinge und Asyl zu entwickeln ... Aus politischen Gründen wird das Thema Einwanderungspolitik in der EU gegenwärtig offenbar nicht als vorrangig angesehen" (ebd.).

---

[1] Frank Böckelmann, *Die Gelben, die Schwarzen, die Weißen*, Frankfurt / M. 1998.

[2] So der Titel des Artikels von Klaus Natorp, in: *FAZ* vom 24. Mai 1989, S. 14.

Es ist schlimm genug, daß eine auf die Migrationsproblematik antwortende Politik trotz tagtäglicher radikaler Veränderungen und dem sich daraus ergebenden Bedarf an politischer Entscheidung nicht vorliegt. Schlimmer finde ich noch, daß nicht einmal ansatzweise eine „Jenseits von Links und Rechts"[3] benötigte Diskussion über diesen Gegenstand als vorbereitende Stufe für die erforderliche Politik geführt wird. Es handelt sich hier offenbar um Tabuzonen, so daß „Diskussionen" sich auf Beteuerungen der Feinde und Freunde der Einwanderung beschränken. Doch eine verantwortungsethische Diskussion über die damit zusammenhängenden Probleme unterbleibt. Ein deutscher Richter und Vorsitzender eines Senats für Staatsangehörigkeit und Asylrecht, Günter Renner, hat ähnlich wie Natorp argumentiert und sich in einem Plädoyer für eine offene Diskussion eingesetzt, das verdient, in einer längeren Passage zitiert zu werden:

„Es darf nicht länger nur über die Begriffe Einwanderungsland und multikulturelle Koexistenz geredet werden. Es muß endlich über Zuwanderung selbst gesprochen werden ... Auf die Dauer kann die Ausländerpolitik die notwendige Zustimmung der Bevölkerung nur finden, wenn sie offen und frei von Festlegungen diskutiert wird. Nichts schadet dem Zusammenleben von Menschen unterschiedlicher Herkunft in Deutschland mehr, als wenn derart existenzielle bevölkerungspolitische Grundentscheidungen aus dem Parteienstreit herausgehalten werden ... Der Raum für eine Steuerung der Zuwanderung ist nicht allzu groß. Um so sorgfältiger muß sie geplant und der Gesellschaft bewußtgemacht werden ... Was wir brauchen, ist eine schonungslose Aufklärung durch eine verantwortungsvolle Einwanderungspolitik."[4]

Dieser Aufforderung schließe ich mich an und hoffe mit meinen ungeschminkten Ausführungen, die keine Selbstzensur enthalten, zu dieser Aufklärung beizutragen. Meine Befürchtung ist, daß die

---

[3] Anthony Giddens, *Jenseits von Links und Rechts*, Frankfurt / M. 1997, S. 9.
[4] Günter Renner, Braucht das Land Einwanderer?, in: *FAZ* vom 24. Mai 1998, S. 14.

Migranten als Mitbürger, nicht als Ersatzproletariat

Träger dieser erforderlichen Diskussion unter Aufklärung doch nur die Orientierung "Am deutschen Wesen soll die Welt genesen" verstehen. Ich habe guten Grund zu dieser Vermutung, weil in derselben Zeitung, in der die zitierten nüchternen Äußerungen von Natorp und Renner enthalten waren, ein groß aufgemachter langer und in Leserbriefen intensiv diskutierter Essay von einer professoralen Autorität erschienen ist[5], der mir als Migrant Angst macht. Zunächst wird mit Statistiken ein Schreckensszenario heraufbeschworen, das auf Spekulationen aufbaut. Danach werde die deutsche Bevölkerung von derzeit 81 Millionen auf 38 Millionen im Jahre 2050 und auf 19,3 Millionen Ende des kommenden Jahrhunderts sinken. Dann schreibt jene professorale Autorität: „Dies bedeutet den vollständigen Ruin Deutschlands" (wie Anm. 5). Der zitierte *FAZ*-Autor schlußfolgert dann: "Das Land muß jährlich ca. eine halbe Million Zuwanderer zulassen" (ebd.). Alle sozialen Grundvoraussetzungen einer *Ein*wanderungs- (in Abgrenzung zur *Zu*wanderungs-) Politik, wie z.B. Berufsqualifikation, Alter, Integrationsfähigkeit, Vermeidung einer ethnisch-religiösen Armutskultur etc., bleiben ungenannt. Statt dessen findet der Leser eine Spielart der [...] Orientierung „Am deutschen Wesen soll die Welt genesen". Ich spiele hier auf die in dem zitierten Artikel aufgeworfene Frage an, ob die Zuwanderer gewillt sind, sich eine ähnliche Orientierung anzueignen. Konkret heißt das, ob wir Migranten deutsche Komplexe und Denkweisen anzunehmen bereit sind. Die Formulierung lautet, daß es zu bedenken gelte, ob *„die Zugewanderten ... überhaupt dazu bereit sind, die – nennen wir es deutsche – Identität zu übernehmen"*.

Damit gemeint ist, ob wir Migranten die *„Lasten der deutschen Nachkriegsgesellschaft mitübernehmen können, nämlich das Einstehen für die Konsequenzen des Zweiten Weltkrieges, einschließlich der moralischen Bürden ... aus den Nazi-Verbrechen, die ... sogar eine Kollektivschuld begründen"* (ebd.).

---

[5] Herwig Birg, Bevölkerungsschrumpfung und Zuwanderung in Deutschland, in: *FAZ* vom 10. Mai 1996, S. 9.

Meine Antwort darauf ist Sprachlosigkeit, dann Entsetzen und schließlich die bewegten Worte:

Als ein Muslim, der aus einer Zivilisation kommt, für die das Wort Antisemitismus ein Fremdwort ist und die in ihrem historischen Höhepunkt – laut dem großen jüdischen Historiker Bernard Lewis[6] – eine islamisch-jüdische Symbiose eingeschlossen hat, kann ich mir den Mantel des NS-Verbrechers und die damit verbundenen Schuldgefühle nicht umlegen. Auf dem Cordoba-Trialog mit Juden, Muslimen und Christen im Februar 1998 und anschließend als Gast der Jewish Community in Colorado[7] sowie neben dem großen israelischen Politikwissenschaftler und Träger des Jerusalem-Preises, Shlomo Avineri, bei der jüdischen Gemeinde der Schweiz[8] und auf anderen Dialogveranstaltungen – z. B. neben dem Reformrabbiner Albert Friedlaender[9] – stand ich nicht nur neben engen persönlichen Freunden, sondern auch Seite an Seite neben semitischen Brüdern, mit denen mich alles verbindet. Wie kann ich als Wahldeutscher die Schuld des NS-Mordes an meinen semitischen Schwestern und Brüdern mitübernehmen? Wenn in Deutschland je wieder eine blutbefleckte NS-Fahne wehen sollte, dann gehörte ich als Fremder und als Semit zu den ersten, die um ihr Leben fürchten müßten! Wie kann ich diese Spielart deutschen

---

[6] Bernard Lewis, *Die Juden der islamischen Welt*, München 1987, und dazu mein Besprechungsessay „Die Geschichte einer Symbiose", in: *FAZ* vom 24. Mai 1989, S. 14.

[7] Chris Leppek, If Peace were up to Tibi and Avineri, in: *Intermountain Jewish News*, Denver, vom 20. Februar 1998, S. 4.

[8] Bassam Tibi äußert sich zum Friedensprozeß, Interviews mit Simon Erlangen, in: *Jüdische Rundschau Maccabi* (Basel), Nr. 22, vom 28. Mai 1998, S. 2.

[9] Mit dem liberal-jüdischen Rabbiner Albert H. Friedlaender (Holocaust-Überlebender aus Berlin) habe ich in der Westminster-Synagoge den jüdisch-islamischen Dialog gegründet (1994), in dessen Tradition der Trialog von Cordoba vom Februar 1998 stattfand. Zu diesem Dialog mein Buch *Krieg der Zivilisationen*, Hamburg 1995, stark überarbeitete und erheblich erweiterte Heyne-Neuauflage München 1998, S. 291ff.; vgl. ferner Albert H. Friedlaender, *Riders Towards the Dawn. From Ultimate Suffering to Tempered Hope*, London 1993, darin bes. die jüdisch-progressive Sicht des deutschen Schuldproblems auf S. 167ff.

Denkens "Am deutschen Wesen soll die Welt genesen" mittragen? Meine Antwort ist klar: Eher gebe ich meinen deutschen Paß zurück und wandere aus, denn als Nachkomme von Hitler zu erscheinen. Den Lesern wird die Erkenntnis einleuchten, daß wir Fremde von den Deutschen eine demokratische Identität einfordern, die wir mit ihnen teilen können. Ich nenne diese Identität Verfassungspatriotismus, untermauert von einem kulturübergreifenden Konsens über die Gültigkeit von Werten wie Demokratie, individuelle Menschenrechte, Zivilgesellschaft und Säkularität, kurz über Werte der kulturellen Moderne. Wenn die Deutschen uns aber – wie der zitierte Professor – ihre Schuldkomplexe als Identität aufzwingen wollen, dann gibt es dafür nur ein „Nein", und die Folge davon ist Abschottung. Obgleich Gegner der Ghettobildung, würde ich mich unter solchen Bedingungen selbst abschotten wollen.

Prof. Dr. Bassam Tibi ist Bosch Fellow an der Harvard-Universität und Professor für Internationale Beziehungen am Seminar für Politikwissenschaften an der Georg-August-Universität zu Göttingen. Dem Buch von B. Tibi, Europa ohne Identität? Die Krise der multikulturellen Geselschaft, *C. Bertelsmann Verlag, München 1998 mit Zustimmung vom Autor und C. Bertelsmann entnommen.*

16. Die Rot-Grüne Koalition hat das Optionsmodell der F.D.P. übernommen

Guido Westerwelle

Politik – so heißt es – beginnt mit der Wahrnehmung von Wirklichkeit. In Deutschland leben derzeit mehr als 7 Mio. Ausländer. Von den etwa 2 Mio. Ausländern unter 20 Jahren ist gut die Hälfte in Deutschland geboren und aufgewachsen. Das macht die Größenordnung der gesellschaftlichen Integrationsaufgabe deutlich. Anfang der 80er Jahre gab es ein Plakat mit der Aufschrift: "Wir haben Gastarbeiter gerufen und es sind Menschen gekommen." Genau darum geht es. Es geht eben nicht darum, ob uns diese Entwicklung gefällt oder nicht. Sie hat längst stattgefunden. Es geht nur noch darum, wie wir mit den Folgen dieser Entwicklung heute umgehen. In Deutschland lebt mittlerweile die dritte Generation der Einwanderer der 60er Jahre. Das heißt, daß die Großeltern einst nach Deutschland kamen - und geblieben sind. Die Eltern gingen bereits auf deutsche Schulen. Die Kinder sprechen deutsch als ihre Heimatsprache und die Sprache ihrer Eltern allenfalls mit einem deutschen Akzent. Diese Kinder gewinnen Vorlesewettbewerbe in ihren Schulklassen.

Ich selbst lebe in einem Haus in einem sogenannten "multikulturellen" Viertel von Bonn. In diesem Haus bin ich groß geworden. Die Umgebung hat sich in diesen Jahrzehnten gründlich verändert. Aus meinem Schlafzimmer blickt man auf die Bonner Moschee. Und wenn der Muezzin im Sommer wieder zu früh und zu laut seine Gläubigen zum Gebet ruft, ärgere ich mich darüber genauso, wie über zu frühes und zu lautes Geläut von der christlichen Kirche schräg gegenüber, die schon August Macke in seinen Bildern verewigt hat. Die Geschäfte in der ersten Querstraße sind überwiegend in türkischer Hand. Die Geschäfte in der zweiten Querstraße gehören überwiegend Marokkanern. Die Struktur dieses Viertels bringt ohne Zweifel eine Vielzahl von Problemen mit sich. Auch wenn viele Deutsche des Viertels Kunden in den türkischen und marokkanischen Geschäften sind, bleibt diese Entwicklung – gerade weil sie so konzentriert erfolgt – nicht ohne zwischenmenschliche Schwierigkeiten. Zwischen den zum Teil rivalisierenden Ausländergruppen sind diese Schwierigkeiten kaum kleiner als diejenigen mit ihren deutschen Nachbarn. Es ist die alltäglich geforderte Toleranz, die viele in ihrer Geduld strapaziert. Das romantisierende Ideal einer problemlosen multikulturellen Gesellschaft hält den Anforderungen der Realität selten stand. Das liegt vor allem daran, daß diejenigen, die so romantisieren, regelmäßig in den "guten Wohnvierteln" leben und mit der gesellschaftlichen Integrationsleistung persönlich kaum etwas zu tun haben. Diese letzte Bemerkung ist politisch nicht korrekt, aber zutreffend.

Die so geschilderte "Ghettoisierung" von Ausländern in einem bestimmten Viertel wird zu Recht von vielen Konservativen kritisiert. Nur hat sie eine Ursache und die heißt gesellschaftliche Ausgrenzung. Die "Ghettoisierung" ist die Folge mangelnder Integration. Der "Ghettoisierung" in den Vierteln der Städte geht die "Ghettoisierung" in den Köpfen voraus. Wenn konservative Politiker auf diese "Ghettoisierung" mit einer Höchstgrenze für den Anteil nicht deutscher Bevölkerung und mit Zuzugsquoten für bestimmte Stadtviertel reagieren wollen, ist das die Flucht vor der Verantwortung und zeigt nur noch die Unfähigkeit, die Ursachen dieser Entwicklung zu begreifen. Wer Kindern moslemischen Religionsunterricht an den Schulen verweigert, darf sich nicht wundern, wenn die Eltern sie nachmittags auf eine Islamschule schicken, wo einige von ihnen in der Tat fundamentalisiert werden.

Wir wissen, daß die hier geborenen Kinder von ausländischen Eltern, die selbst hier seit Jahren legal leben, aller Voraussicht nach immer in Deutschland bleiben werden. Es ist besser, diese Kinder werden mit einem inländischen Bewußtsein groß als mit einer ausländischen Identität - besser für die Kinder und für unsere

Die Koalition hat das Optionsmodell der F.D.P. übernommen

"deutsche" Gesellschaft. Die F.D.P. hat seit langem dafür plädiert, daß diese Kinder von Anfang an mit einem deutschen Paß groß werden sollten, denn die Tatsache, daß ihre Eltern häufig aus familiären Gründen nicht Deutsche werden wollen, darf nicht zu Lasten der Integration der hier Geborenen gehen. Wenn sie dann volljährig sind, müssen sie sich zwischen der deutschen und der Staatsangehörigkeit ihrer Eltern entscheiden. Dies ist ein fairer Interessenausgleich, denn die doppelte Staatsangehörigkeit sollte kein dauerhafter Rechtszustand als Regelfall sein, sondern eine kluge Maßnahme der Integration. Eine zusätzliche Einwanderung ist damit nicht verbunden und auch nicht beabsichtigt. Denn jede Gesellschaft kennt Grenzen bei der Integration. Dieses sogenannte "Optionsmodell" unterscheidet sich von den mittlerweile zurückgezogenen Vorschlägen von SPD und Grünen, die die doppelte Staatsangehörigkeit generell und auf Dauer hinnehmen wollten.

Am 7. Mai 1999 hat der Deutsche Bundestag den Gesetzentwurf zur Reform des Staatsangehörigkeitsrechts verabschiedet. Das Gesetz erfüllt alle Kernforderungen des F.D.P.- Optionsmodells. Damit ist eine Regelung erreicht worden, die die generelle doppelte Staatsangehörigkeit vermeidet, den hier geborenen Kindern rechtmäßig und langjährig hier lebender Ausländer ein Integrationsangebot macht, von diesen aber bis zum vollendeten 23. Lebensjahr auch eine aktive Integrationsentscheidung verlangt.

Der Staat macht ein weitreichendes Integrationsangebot, verlangt aber auch bewußt eine aktive Integrationsentscheidung. Der F.D.P. war vor allem wichtig, daß die hier geborenen Kinder von dauerhaft und rechtmäßig in Deutschland lebenden Ausländern mit Geburt die deutsche Staatsangehörigkeit erwerben. Diese Kinder sollen von Anfang an wissen, daß sie dazugehören, daß sie Teil unserer Gesellschaft sind. Sie sollen nicht mit einem ausländischen Bewußtsein aufwachsen. Es macht keinen Sinn, sie erst künstlich von ihren Altersgenossen abzugrenzen, um sie anschließend mit großem Aufwand und ungewissen Erfolgsaussichten wieder zu integrieren.

Guido Westerwelle

Wenn es noch eines Beleges bedurft hätte, das deutsche Staatsangehörigkeitsrecht zugunsten von hier geborenen Kindern zu ändern, dann haben ihn die Ereignisse zu Beginn des Jahres 1999 geliefert, als wir beinahe täglich Bilder auch fanatisierter Jugendlicher sehen mußten, die sich von der Gruppengewalt der PKK mitreißen ließen. Obwohl viele dieser Jugendlichen in Deutschland groß geworden sind, sind sie noch im "gesellschaftlichen Kurdistan" verwurzelt. Um diese hier geborenen Kinder von Ausländern geht es. Wer die "Ghettoisierung" in den Städten verhindern will, muß die "Ghettoisierung" in den Köpfen verhindern. Natürlich kann man mit einer Änderung des Staatsangehörigkeitsrechts nicht bereits fanatisierte Kriminelle ändern. Sie müssen bestraft und abgeschoben werden. Aber man muß verhindern, daß hier die nächste Generation für Gewalt und Fanatismus anfällig und zu Mitläufern des Gruppendrucks wird. Wer verhindern will, daß die hier geborenen Kinder unter den Einfluß ausländischer Fanatiker geraten, der muß sie soweit wie möglich integrieren. Durch die Vermittlung unserer Kultur und der deutschen Sprache – aber eben auch durch einen deutschen Paß.

Wer die hier geborenen Kinder ausländischer Eltern nicht vernünftig integriert, riskiert die großen sozialen Verwerfungen der nächsten Jahre. Was wir heute nicht tun, werden wir in wenigen Jahren mit Zins und Zinseszins zurückzuzahlen haben. Deshalb ist die Reform des Staatsangehörigkeitsrechts mit dem Ziel einer besseren Integration der Kinder ausländischer Eltern eine nationale Aufgabe ersten Ranges.

Der Elterngeneration macht das neue Gesetz durch eine deutliche Absenkung der Einbürgerungsfrist ebenfalls ein großzügiges Integrationsangebot. Die Integrationsbemühungen werden durch die Verkürzung der Einbürgerungsfrist von 15 auf 8 Jahre deutlich verstärkt. Dabei wird die Einbürgerung strikt an die drei Kriterien Verfassungstreue, Sprachkenntnisse und Straflosigkeit gebunden.

Die F.D.P. tritt aber auch dafür ein, daß dem Integrationsangebot eine aktive Integrationsentscheidung folgt. Deshalb haben wir uns eindeutig und konsequent gegen die ursprünglichen Pläne der

Die Koalition hat das Optionsmodell der F.D.P. übernommen

rot-grünen Koalition gestellt, eine dauerhafte doppelte Staatsangehörigkeit für alle einzuführen. Wer deutscher Staatsbürger werden möchte, soll sich grundsätzlich durch die Aufgabe seiner bisherigen Staatsangehörigkeit zu unserem Land bekennen. Der deutsche Paß ist nicht irgendein Papier, das man gerne zusätzlich in Empfang nimmt, sondern setzt eine bewußte Hinwendung zum deutschen Staat voraus. Deshalb halten wir es für gerechtfertigt, von dem einbürgerungswilligen Ausländer die Aufgabe seiner bisherigen Staatsangehörigkeit zu verlangen. Das gilt insbesondere für diejenigen Ausländer, die bereits lange in Deutschland leben. Wer dreißig Jahre in Deutschland gelebt hat, der kennt dieses Land gut genug, um sich zu entscheiden, ob er Deutscher sein will oder nicht. Bei den hier geborenen Kindern nehmen wir eine doppelte Staatsangehörigkeit für eine gewisse Zeit in Kauf, weil sie als Minderjährige nicht aus ihrer über ihre Eltern erworbenen Staatsangehörigkeit entlassen werden können. Bei Volljährigkeit müssen sie sich aber entscheiden, ob sie die deutsche oder die Staatsangehörigkeit ihrer Eltern behalten wollen.

Das ist das Optionsmodell der F.D.P., das die rot-grüne Koalition zu 100 Prozent übernommen hat. Damit wir zu nennenswerten Integrationsfortschritten kommen, ist auf unseren Vorschlag hin dieses Modell auch auf bereits geborene Kinder übertragen worden, die noch nicht älter als 10 Jahre sind. Wir halten also an dem Grundsatz der Vermeidung von Mehrfachstaatsangehörigkeit klar und eindeutig fest. Der Katalog der Ausnahmetatbestände wird nicht erweitert, sondern lediglich flexibler gestaltet. Damit können wir Härtefälle angemessen lösen. Dies war auch bisher bereits Rechtslage. Den Doppelpaß aus der rot- grünen Koalitionsvereinbarung gibt es mit diesem Gesetz nicht – nicht offen und nicht verdeckt, nicht ausdrücklich und auch nicht durch die Hintertür.

Weil aus verschiedenen Richtungen immer wieder die Verfassungsmäßigkeit unseres Optionsmodells angezweifelt wird, möchte ich auch hierzu noch einige Anmerkungen machen. Das Optionsmodell ist von mehreren Justizministern, dem früheren Bundesjustizminister, der derzeitigen Bundesjustizministerin und dem

Landesjustizminister von Rheinland-Pfalz, vom Bundesinnenminister und vom Wissenschaftlichen Dienst des Deutschen Bundestages eingehend geprüft worden. Dabei wurde klipp und klar festgestellt, daß das Optionsmodell verfassungsgemäß ist. An den Vorgaben haben wir uns orientiert. Dazu gehört beispielsweise eine Ausnahmeregelung, wenn die bisherige Staatsangehörigkeit nicht aufgegeben werden kann. Auch die Verhandlungen der früheren Regierungskoalition sind übrigens nicht an der Frage der Verfassungsmäßigkeit des Optionsmodells gescheitert, sondern daran, daß die Union unter der Verhandlungsführung des damaligen Bundesinnenministers den Kindern die deutsche Staatsangehörigkeit nicht geben wollte.

Deshalb muß klar ausgesprochen werden, daß die jetzt geäußerten verfassungsrechtlichen Bedenken rein politisch motiviert sind. Die Union sollte wenigstens ihrem Kronjuristen und Verfassungsrechtsexperten Rupert Scholz glauben, der in einem Interview der Welt vom 16. Februar 1999 auf die Frage, ob das Optionsmodell der F.D.P. verfassungskonform sei, wörtlich geantwortet hat: "Ja – ganz im Gegensatz zu einer generellen Vergabe der doppelten Staatsbürgerschaft, die mit der Verfassung nicht zu vereinbaren wäre."

Die F.D.P. hat immer Wert darauf gelegt, daß die Reform des Staatsangehörigkeitsrechts von einer breiten gesellschaftlichen und politischen Mehrheit getragen wird. Deshalb ist der Gesetzentwurf nicht als ein Entwurf der Fraktionen, sondern als Gruppenantrag im Deutschen Bundestag eingebracht worden, dem sich jeder einzelne Abgeordnete anschließen konnte. Darüber hinaus hatte die F.D.P. sich dafür ausgesprochen, jedem Abgeordneten ohne Fraktionszwang die Möglichkeit zu geben, nach seinem Gewissen zu entscheiden. Denn die Modernisierung des Staatsangehörigkeitsrechts ist gesellschaftspolitisch nicht von geringerer Bedeutung, als es beispielsweise die Reform des § 218 StGB seinerzeit war, bei der ebenfalls die Fraktionsdisziplin einvernehmlich aufgehoben wurde.

Die Koalition hat das Optionsmodell der F.D.P. übernommen

Wir haben lange gebraucht, um zu einer Reform des Staatsangehörigkeitsrechts zu kommen. Es ist völlig normal, daß es in einer derart zentralen Frage für unser Gemeinwesen unterschiedliche und sogar gegensätzliche Auffassungen gibt. Deshalb muß um die richtige Lösung gerungen werden. Das jetzt verabschiedete Gesetz ist das Ergebnis dieses Ringens und aus Sicht der F.D.P. ein sehr gutes Ergebnis. Ich begrüße das klare Bekenntnis des Bundesinnenministers, daß in dieser Legislaturperiode keine weiteren Änderungen des Staatsangehörigkeitsrechts vorgenommen werden. Das Staatsangehörigkeitsrecht eignet sich nicht für ständige Änderungen. Es dürfen keine Unklarheiten und Unsicherheiten über das Rechtsverhältnis zwischen dem Staat und seinen Bürgern aufkommen, sonst ist die Stabilität unserer Gesellschaft gefährdet. Die klaren Worte des Innenministers sollten sich alle zu Herzen nehmen, die bereits jetzt von Nachbesserungen reden. Das neue Gesetz bringt eine Modernisierung des Staatsangehörigkeitsrechts, die vorhandene Integrationshemmnisse im Interesse unserer gesamten Gesellschaft beseitigt. Sie ist notwendig, um den integrationswilligen Menschen ausländischer Herkunft in Deutschland ein Zeichen zu geben und Entwicklungen entgegenzusteuern, die wir alle nicht wollen können.

Das von der F.D.P. konzipierte Optionsmodell wird nach Meinungsumfragen von zwei Dritteln der Bevölkerung unterstützt. Das Gesetz ist daher ein großer Erfolg für unsere Gesellschaft, für ein modernes Staatsangehörigkeitsrecht und für die F.D.P.

Dr. Guido Westerwelle, MdB, ist Generalsekretär der F.D.P.

17. Doppelte Staatsbürgerschaft – Ein ideologischer Schnellschuß

Wolfgang Zeitlmann

Unsere Wahrnehmung ist geprägt durch optische und akustische Eindrücke. Unser Bewußtsein ist geprägt durch die Gemeinschaft.

Sieht und hört man sich in Ballungsräumen und Tourismuszentren wie beispielsweise Berlin oder München um, erblickt man Menschen aus anderen Kulturkreisen, die durch ihre Kleidung und ihre markanten Gesichtszüge auffallen. Oder durch ihre Sprache. Verwunderlich ist das nicht. Deutschland ist ein weltoffenes und gastfreundliches Land. Im letzten Jahr haben 15,6 Mio. Gäste aus dem Ausland in Deutschland übernachtet. Gleichzeitig leben 7,4 Mio. Menschen ausländischer Herkunft in Deutschland. Viele von ihnen schon seit langem – und sie wollen an sich auch auf Dauer in Deutschland bleiben. 49% von ihnen sind seit mindestens 10 Jahren hier, davon 60% länger als 20 Jahre. Einbürgern ließen sich in den letzten Jahren jedoch nur durchschnittlich 200.000 Personen.

Das Bewußtsein der Menschen in Deutschland ist geprägt von der Zugehörigkeit zur Gemeinschaft. Diese Gemeinschaft kann sich in Zusammenschlüssen und Gruppen unterschiedlichster Natur finden. Kollegen, Initiativen, Vereine, Haus- und Wohngemeinschaften, Familie, die Zugehörigkeit zum deutschen Volk. Diese Zugehörigkeit wünschen viele der lange hier lebenden ausländischen Mitbewohner nicht. Das dokumentiert die geringe Zahl von Einbürgerungen, obwohl bereits Anfang der 90er Jahre die Voraussetzungen erheblich erleichtert wurden. Daraus kann nur ein Schluß gezogen werden: Die Bereitschaft Deutscher oder Deutsche zu werden, ist nur in geringem Maße vorhanden, die Integration ist noch nicht abgeschlossen.

Wolfgang Zeitlmann

Doppelte Staatsbürgerschaft

Die Bundesregierung Schröder hat mit ihrer Mehrheit ein Gesetz zur Änderung des Staatsangehörigkeitsrechts beschlossen, das die Hinnahme von Mehrstaatigkeit als Regelfall zum Ziel hat und zu millionenfacher Mehrstaatigkeit in Deutschland führen wird. Das bisherige – weltweit vorherrschende – Prinzip der Vermeidung von Mehrstaatigkeit wird damit in Deutschland aufgegeben. Zukünftig wird in der überwiegenden Zahl von Einbürgerungsfällen Mehrstaatigkeit hingenommen werden und durch Einführung des ius soli Mehrfachstaatsangehörigkeit für in Deutschland geborene Kinder ausländischer Eltern mit einem „Verfalldatum" eingeführt. Die Kinder sollen sich bis zum 23. Lebensjahr entscheiden, ob sie Deutsche sein oder die Staatsangehörigkeit ihrer Eltern behalten wollen. Auswirkungen wird diese gesetzliche Regelung frühestens in 13 Jahren haben, wenn die ersten Kinder, die von der zusätzlich geschaffenen „Altfallregelung" betroffen sind, sich für oder gegen die Abwahl der deutschen Staatsangehörigkeit entscheiden müssen. Die Bundesregierung nennt die in Deutschland geborenen heute bis zu 10jährigen Kinder „Altfälle". Sie sollen Doppelstaatler werden. Das wären 700.000 Kinder. Jährlich kämen etwa 80.000 Kinder hinzu, die auch gegen den Willen ihrer Eltern Deutsche würden.

Die Einbürgerungen unter Hinnahme von Mehrstaatigkeit werden in unabsehbarem Maße zunehmen, da eine Vielzahl von Einzelfall- und Härtefallbestimmungen aufgenommen wird, die das Prinzip der Vermeidung von Mehrstaatigkeit aufweichen. So sollen ältere Menschen unter Hinnahme von Mehrstaatigkeit eingebürgert werden können. Fast eine halbe Million über 60jährige könnten in den Genuß dieser Bestimmung kommen. Dabei ist das 60. Lebensjahr nur angenommen, eine Altersgrenze sieht das Gesetz nicht vor, es spricht nur von „älteren Menschen". Einbürgerungsbewerber könnten Doppelstaatler werden, wenn sie geltend machen, wirtschaftliche oder vermögensrechtliche Nachteile in ihrem Heimatland zu haben. Abgesehen davon, daß es bereits jetzt

Doppelte Staatsbürgerschaft – Ein ideologischer Schnellschuß

vielfältige derartige Regelungen im Ausland gibt, würde es ausländischen Staaten in die Hand gegeben, die Doppelstaatsangehörigkeit in Deutschland durch ihre Gesetzgebung zu regeln. Würde beispielsweise die Türkei das ausländerbenachteiligende Dorfgesetz wieder einführen, wäre damit automatisch jedem, der in der Türkei durch Erbschaft oder sonst Grund erwerben wollte, die Mehrstaatigkeit ermöglicht. Das wären, selbst wenn man nur 25% der in Frage kommenden in Deutschland lebenden türkischen Bürger annimmt, eine weitere halbe Million Menschen. Darüber hinaus sollen mehrere 100.000 Flüchtlinge, bei denen der Anerkennungsgrund inzwischen weggefallen ist, unter Hinnahme von Mehrstaatigkeit eingebürgert werden können.

Gegen doppelte Staatsbürgerschaft

Die CSU und auch die CDU lehnen die generelle Doppel- und Mehrstaatigkeit durch Formaleinbürgerung ab. Sie stehen für ein modernes Staatsangehörigkeitsrecht, das sowohl die Belange des Einbürgerungswilligen als auch die Interessen Deutschlands berücksichtigt. Mit ihrer Aktion „Ja zu Integration – Nein zu doppelter Staatsangehörigkeit" haben sie eine Diskussion in der Bevölkerung angeregt, die einem gedeihlichen Zusammenleben in Deutschland und einer Verbesserung der Integration dient. Klare Entscheidungen, die einen starken Rückhalt in der Bevölkerung haben, sind gefragt.

Die Entscheidung über die Zugehörigkeit zur deutschen Gesellschaft erfordert ein klares Ja oder Nein. Mit einem Sowohl-als-auch werden die bewährten Grundsätze der deutschen Staatsangehörigkeit unwiderruflich aufgegeben. Das von SPD und Grünen aus ideologischen Gründen eingeführte neue Staatsangehörigkeitsrecht ist undurchdacht, verhängnisvoll und integrationsfeindlich. Die Einbürgerung ohne hinreichende Integration greift an die Grundlagen der Identität des deutschen Staatsvolkes. Das millionenfache Entstehen doppelter Staatsangehörigkeit ist eine radikale Abkehr von bewährten Grundsätzen und verändert tiefgreifend das bisherige Verhältnis von Bürger und Staat. Die gesellschaftlichen, politischen und wirtschaftlichen Folgen sind heute überhaupt nicht absehbar und werden von den Befürwortern hartnäckig ignoriert. Nach wie vor wollen SPD und Grüne diese historische Fehlentwicklung gegen den Willen einer deutlichen Mehrheit der Bürgerinnen und Bürger in Deutschland durchsetzen. Das haben alle Umfragen deutlich bewiesen. SPD und Grüne kümmert dies jedoch nicht. Sie setzen ihre Pläne gegen den Willen der Mehrheit der Deutschen mit ihren Mehrheiten im Bundestag und Bundesrat durch.

Aus verfassungspolitischen Gründen hätten sie sich aber um einen breiten Konsens bemühen müssen. Sie hätten für eine Zwei-Drittel-Mehrheit im Bundestag und Bundesrat sorgen müssen. Stattdessen haben sie sich auf eine verfassungsrechtlich bedenkliche Änderung versteift und die Einwände - auch aus den eigenen Reihen – im Handstreich beiseite gewischt.

Mit der bewußt gewollten Hinnahme von Mehrstaatigkeit wird die Staatsangehörigkeit als eine grundsätzlich durch Ausschließlichkeit und Dauer gekennzeichnete gegenseitige Pflichtenbeziehung zwischen Staatsbürger und Staat aufgehoben. Eine zentrale Grundlage des deutschen Nationalstaates wird der Beliebigkeit ausgesetzt und damit im Ergebnis sinnentleert. Kultur- und Geschichtsbewußtsein werden als Basis des Zusammenhalts gezielt und bewußt in Frage gestellt.

Integration

Integration erfolgt im Leben, nicht auf dem Papier oder gar durch ein Papier. Einbürgerung in großer Zahl verzichtet bewußt auf ein hinreichendes Maß an bereits vollzogener Integration. Der Neubürger braucht sich nicht mehr voll mit Deutschland und seiner Gesellschafts- und Verfassungsordnung zu identifizieren. Mehrstaatigkeit erschwert Integration. Ein in den Gesetzestext aufgenommenes Lippenbekenntnis zur deutschen Verfassung kann dies nicht ändern. Doppelstaatler drohen deutsche Staatsbürger mit

Doppelte Staatsbürgerschaft – Ein ideologischer Schnellschuß

Doppelidentität zu bleiben. Formal sind sie Deutsche, tatsächlich leben sie aber in der abgeschlossenen Gesellschaft ihres Herkunftslandes mit ihren Familien, um ihre Kultur, Religion und ethnische Herkunft zu pflegen und zu bewahren. Mit Doppelstaatsbürgerschaft wird das Verharren in Parallelgesellschaften hingenommen – ohne deutsche Sprachkenntnisse und ohne sich in die deutsche Gesellschaft einzuordnen. Die Oberflächlichkeit und Ideologieträchtigkeit des neuen Gesetzes zeigt sich hier. Es wird von „ausreichenden Sprachkenntnissen" gesprochen. In der Expertenanhörung des Innenausschusses zu dem Gesetz wurde immer wieder betont, diese Formulierung sei zu ungenau – wie im übrigen auch festgestellt wurde, das Gesetz sei von einer Vielzahl unbestimmter Rechtsbegriffe und Auslegungserfordernisse geprägt.

Teils ausgesprochen, teils unausgesprochen bestätigen die Sachverständigen, das Gesetz sei „mit heißer Nadel gestrickt". Es ist integrationshemmend, ja integrationsfeindlich, weil es die Integrationsbemühungen leerlaufen läßt und zukünftige Integrationsverbesserungen verhindert.

Extremismus

Durch doppelte Staatsbürgerschaften werden Einfallstore geöffnet, durch die ethnische und politische Konflikte nach Deutschland getragen werden. In den abgeschlossenen Gesellschaften bilden sich gesellschaftliche Sprengkapseln. Die Demonstrationen und Ausschreitungen in der Folge der Festnahme des PKK-Führers Abdullah Öcalan haben dies belegt. Fast 60.000 radikale Ausländer leben in Deutschland. Extremistische islamische Gruppierung türkischen und arabischen Ursprungs versuchen, die mehr oder weniger westlich orientierten Regierungssysteme in ihren Heimatländern durch islamistische Staatsgefüge zu ersetzen. Sie verbreiten radikales Gedankengut und versuchen, eine Parallelgesellschaft in Deutschland zu schaffen. In Deutschland entsteht ein unberechenbares Konfliktpotential. Deutsch-Kurden und Deutsch-Türken stehen sich gegenüber. Deutsch-Serben und Deutsch- Kosovaren treffen aufeinander.

Es ist unausbleiblich, daß sie ihre Konflikte zu Konflikten Deutscher in Deutschland machen. Sie sind eben nicht Nur-Deutsche sondern Auch-Deutsche. Es zeigt sich immer wieder, daß die Bindungen an den Heimatstaat stärker sind als die an Deutschland. Deswegen ist eine klare Entscheidung für Deutschland nötig, die nur mit der gleichzeitigen Aufgabe der bisherigen Staatsangehörigkeit möglich ist. Staatsbürgerliche Pflichten für zwei Staaten kann niemand in vollem Umfang bewältigen. Die bloße Aushändigung des deutschen Passes führt nicht zu mehr Integration, sondern zu Spaltung.

Nach dem neuen Gesetz soll sogar ein extremistischer ausländischer Bombenleger Deutscher werden können. Er muß sich nur formal von seinen früheren verfassungsfeindlichen Aktivitäten distanzieren, um eingebürgert zu werden. Die sogenannte Verfassungsschutzklausel, die als völlig unzureichender Paragraph in einen der letzten Entwürfe der Bundesregierung eingefügt worden war, läuft damit vollständig leer. Verfassungsfeindliche Tätigkeiten sollen eine Einbürgerung nicht verhindern können. Die Regelanfrage bei den Verfassungsschutzbehörden wird nicht vorgeschrieben.

Der innere Frieden in Deutschland wird durch die Hinnahme von Mehrstaatigkeit gefährdet. Ausländer, die auf Dauer rechtmäßig in Deutschland leben und sich um Integration in die deutsche Gesellschaft bemüht haben, werden durch das neue Staatsangehörigkeitsrecht benachteiligt. Die Doppelstaatsbürgerschaft wird von vielen aber auch als Benachteiligung deutscher Staatsbürger empfunden. Das kann Neid und Aggressionen zur Folge haben. Radikale und extreme Gruppen können sich dies zu Nutze machen und Ausländerfeindlichkeit schüren. Frankreich hat mit seinem vermeintlich vorbildlichen Staatsbürgerschaftsrecht nicht mehr Toleranz als Deutschland und andere Staaten bisher erreicht. Die Erfahrungen in Frankreich haben gezeigt, daß Ausländer nur formal Inländer wurden. Nach „Eurobarometer", der Regelumfrage der Europäischen Union, bezeichnete sich 1997 fast die Hälfte aller Franzosen als „sehr oder ziemlich rassistisch". Damit lag dieser Wert in

… Doppelte Staatsbürgerschaft – Ein ideologischer Schnellschuß

Frankreich um 40% höher als in Deutschland. Die bloße Überlassung der Staatsbürgerschaft führt also nicht zu Toleranz oder gar Akzeptanz.

Minderheiten

Die neue Bundesregierung betreibt Schönfärberei. Mit den beabsichtigten Masseneinbürgerungen verschwindet die Ausländerkriminalität, die Ausländerarbeitslosigkeit, unzureichende Schulbildung und auch der Sozialleistungsbezug aus der Statistik. Besondere Förderung oder Integrationsbemühungen werden damit dauerhaft und nachhaltig verhindert. Das ist gewiß ein Resultat, das der Bundesregierung sehr gelegen kommt und auch den Zweck verfolgt, sich nicht weiter um Integration bemühen zu müssen.

Gleichfalls erwünscht ist es für SPD und Grüne, ein neues großes Wählerpotential zu gewinnen. Die in Deutschland wahlberechtigten Doppelstaatler würden mit ihren Stimmen Wahlen entscheidend beeinflussen können. Die Hoffnung von SPD und Grünen ist zwar, daß sie in den Genuß dieser Stimmen kämen (Umfragen zu Folge wären dies auch 80 bis 90%). Sie übersehen aber den Einflußwillen fremder Staaten. Gerade von türkischen Parteien war zu hören, sie wollten sich in Deutschland etablieren. Es ist nicht auszuschließen, daß durch Hinnahme der Mehrstaatigkeit weitere Minderheitenparteien in Deutschland entstehen werden.

Zuwanderung

Weitere Zuwanderungsanreize nach Deutschland entstehen. Die gesetzliche Neuregelung steht in eklatantem Widerspruch zur Aussage von Bundesinnenminister Otto Schily: „Die Grenzen der Belastbarkeit durch Zuwanderung sind überschritten." Die Aussicht, unter geringen Anforderungen den deutschen Paß neben dem bisherigen zu erhalten, wird in den schwächer entwickelten Ländern neue Auswanderungsursachen schaffen. Deutschland darf keinem verstärkten Zuwanderungsdruck durch Doppelstaatsbürgerschaft,

Wolfgang Zeitlmann

Einwanderungsgesetze, Altfall- und Härtefallregelungen ausgesetzt werden.

Bereits der erleichterte Familiennachzug zu deutschen Doppelstaatlern wird dazu führen, daß die Grenzen der Belastbarkeit durch Zuwanderung überschritten werden. Derzeit leben mehrere 100.000 nächste Familienangehörige von Doppelstaatlern noch im Ausland. Ein ausländischer Mitbürger muß die Gewähr dafür bieten, für die Familienangehörigen, die er nach Deutschland holt, den Lebensunterhalt sicherzustellen und ausreichenden Wohnraum zu haben, ein Deutsch-Ausländer muß dies nicht. Die gesetzlichen Grenzen für einen Familiennachzug werden dadurch wirkungslos, stärkere Zuwanderung ist die Folge.

Während Deutschland durch die Änderung des Staatsangehörigkeitsrechts einem noch stärkeren Zuwanderungsdruck ausgesetzt werden wird, verschärfen andere europäische Länder ihre Bestimmungen. So hat Griechenland die Einbürgerungsvoraussetzungen dahingehend geändert, statt – wie bisher - einen 8jährigen Inlandsaufenthalt innerhalb von 10 Jahren, jetzt einen 10jährigen Aufenthalt innerhalb von 12 Jahren zu fordern. Dadurch will man den ungehinderten Zustrom von Ausländern vermindern.

Die von Befürwortern der Doppelstaatsangehörigkeit immer beispielhaft angeführten Niederlande planen ein härteres Ausländerrecht. Es soll für Asylbewerber und Flüchtlinge gelten. Zudem sollen die Voraussetzungen für Familienzusammenführung strenger werden. Ein DNA-Test soll die Familienbande nachweisen.

Österreich hat eine jährliche Obergrenze für den Familiennachzug festgelegt.

Die Bundesregierung Schröder beschreitet den entgegengesetzten Weg. Sie erleichtert die Einbürgerung unter Hinnahme von Mehrstaatigkeit und schafft damit millionenfach Deutsch- Ausländer. Dabei unterläßt sie jegliche Folgenabschätzung und trifft keinerlei Maßnahmen zur Zuzugsbegrenzung. Ihr Ziel ist damit ganz offensichtlich, die Zuwanderung nach Deutschland zu verstärken. Dagegen steht die – wie sich jetzt herausstellt – nicht so gemeinte

Doppelte Staatsbürgerschaft – Ein ideologischer Schnellschuß

Aussage, daß die Belastbarkeit durch Zuwanderung überschritten ist und die Integrationsfähigkeit der Deutschen erschöpft ist.

Integration verbessern

Die Neuregelung des Staatsangehörigkeitsrechts darf nicht nur Stückwerk mit dem alleinigen Ziel sein, den Doppelpaß durch die Hintertüre in Deutschland einzuführen. Eine Neuregelung des Staatsangehörigkeitsrechts verlangt ein Gesamtkonzept mit einem starken Integrationsteil und einem Instrument zur Begrenzung der Zuwanderung. Die Unionsfraktion im Deutschen Bundestag hat ein solches Gesamtkonzept eingebracht. Es wird von der Regierungskoalition ohne inhaltliche Diskussion abgelehnt. Die Regierungskoalition ist nicht bereit, Gespräche zu führen, um zu einer gemeinsamen Lösung zu kommen.

Deutsche Sprachkenntnisse sind die entscheidende Grundlage für Integration. Deutscher kann nur sein, wer die deutsche Sprache beherrscht und spricht. Nur so ist es möglich, die Einbindung in die deutsche Kultur, Geschichte und Werteordnung und somit die Eingliederung in die deutsche Gesellschaft zu erreichen. Formaleinbürgerung nach Wartezeit und Einführung des Territorialitätsprinzips unter Hinnahme der Doppel- und Mehrstaatigkeit als Regelfall erschweren und verhindern das. Doppelstaatler werden in unabwendbare Loyalitätskonflikte getrieben. So wurde beispielsweise festgestellt, daß 71% der türkischen Bürger in Deutschland, die die Voraussetzungen für eine Einbürgerung erfüllen würden, Türken bleiben wollen. Dennoch müßten ihre in Deutschland geborenen Kinder nach dem strengen ius soli-Prinzip Deutsche werden. Die Familie – und ganz besonders die Kinder – werden unerträglichen Belastungen ausgesetzt.

Gerade für Kinder muß deswegen die Eingliederung erheblich erleichtert werden. Im Schuljahr 1997/98 besuchten 87.000 ausländische Schülerinnen und Schüler die Grund- und Hauptschulen im Freistaat Bayern. In Bayern besteht ein vielfältiges und variables Angebot an Fördermaßnahmen. Hauptziel der Förderung ist der schnelle und gründliche Erwerb der deutschen Sprache und damit die möglichst reibungslose Integration in Schule, Arbeitsmarkt und Gesellschaft. Erreicht wird dies durch Übergangsklassen, zweisprachige Klassen, muttersprachlichen Ergänzungsunterricht, Förderklassen, Intensivkurse im Fach Deutsch, Förderunterricht im Fach Deutsch und die Unterweisung für türkische Schüler muslimischen Glaubens. Solche Maßnahmen müssen in allen Bundesländern ergriffen werden. Gleichzeitig müssen alle nur denkbaren Anstrengungen unternommen werden, Klassen mit hohem Ausländeranteil und Sprachproblemen abzuschaffen. Schulklassen mit einem Anteil von 50% oder gar 90% ausländischer Schülerinnen und Schüler machen Integration praktisch unmöglich, wenn die deutschen Sprachkenntnisse nicht ausreichen. Deswegen sollte der Anteil der deutschen Kinder in Schulklassen erheblich den ausländischer Kinder überwiegen, damit eine Integration überhaupt ermöglicht wird. Mit einer Einbürgerungszusicherung würde es den Kindern erleichtert, in die deutsche Staatsangehörigkeit hineinzuwachsen. Das sieht der Unionsvorschlag zur Neuregelung des Staatsangehörigkeitsrecht vor.

Das Miteinander von Deutschen und Ausländern wird auch im Beruf und am Arbeitsplatz gefördert. Ebenso das gesellschaftliche Leben in Vereinen und Verbänden. Ausländer können sich jedoch nur dann angemessen einbringen und engagieren, wenn sie die deutsche Sprache beherrschen. Auch den Ausländern, die schon länger rechtmäßig in Deutschland leben und auf Dauer hierbleiben möchten, müssen deswegen Sprachkurse zur Verbesserung der Eingliederungsmöglichkeit angeboten werden. Der Bund hat die Pflicht, die Länder hierbei finanziell zu unterstützen. Er müßte die Hälfte der anfallenden Kosten tragen.

Einem gedeihlichen Miteinander sind einzelne Straßenzüge und Stadtviertel, die schwerpunktmäßig oder gar ausschließlich von Ausländern, teilweise aus nur einem bestimmten Herkunftsland, bewohnt werden, hinderlich. Deswegen ist es nötig, die Voraussetzungen für eine Veränderung der Wohnstruktur, besonders in

Doppelte Staatsbürgerschaft – Ein ideologischer Schnellschuß

Großstädten, zu schaffen. Nur wenn dies gelingt, kann Integration gelingen.

Das größte Problem, mit dem wir umzugehen haben, ist die bewußte Ablehnung von Integration. Nicht wenige Ausländer verhindern gezielt eine Erziehung ihrer Kinder in der Bundesrepublik Deutschland. Viele türkische Famlien lehnen es ab, daß die Kinder und Frauen deutsch lernen. Dadurch kann sich eine Parallelgesellschaft von Doppelstaatlern etablieren. Es ist in höchstem Maße besorgniserregend, wenn viele ausländische Familien ihre Kinder zur Erziehung ins Heimatland schicken. Einem steigenden Familiennachzug zwischen dem 14. und dem 17. Lebensjahr steht ein starker Wegzug von 6 bis 8jährigen gegenüber. Junge Ausländer gehen als Schüler und kommen in einem Alter nach Deutschland zurück, in dem sie ihre Schul- und Berufsausbildung abgeschlossen haben. Sie beherrschen die deutsche Sprache nicht und haben nur wenig Chancen, sich in die Gesellschaft einzufügen. Deshalb ist eine Begrenzung des Nachzugsalters auf das 10. Lebensjahr unumgänglich, soweit nicht Voraussetzungen wie deutsche Sprachkenntnisse gegeben sind.

Das gilt auch für Ehegatten, die nach Deutschland geholt werden sollen. Sie könnten bereits bevor sie hierher kommen, in ihrem Heimatland deutsche Sprachkenntnisse erwerben. Das erhöht die Wahrscheinlichkeit einer erfolgreichen Integration erheblich.

Nur mit einem Gesamtkonzept, das einen starken Integrationsförderungsteil hat, wird ein gedeihliches Miteinander in Deutschland möglich sein. Der bewußte Verzicht auf Integration, den die Bundesregierung Schröder plant, schafft unlösbare Probleme.

Statt Stückwerk Gesamtkonzept

Die deutsche Bevölkerung möchte an einer Diskussion über die Änderung des Staatsangehörigkeitsrechts beteiligt werden. Das gilt um so mehr, wenn das deutsche Staatsvolk in seiner Identität angetastet werden soll und der Nationalstaat in Frage gestellt wird. Ideologische Schnellschüsse haben verheerende Wirkungen. Breit angelegte Gespräche mit den betroffenen Gruppen und Verbänden, eine umfangreiche Aufklärung der Bevölkerung sowie ihre wirkliche Beteiligung sind nötig. Das will die Regierungskoalition aber nicht.

Das Konzept der Unionsfraktion ist eine geeignete Grundlage für eine Fortentwicklung des Staatsangehörigkeitsrechts und berücksichtigt die Interessen aller.

Integration ist nichts Einseitiges, Integration ist keine Einbahnstraße. Alle in Deutschland Lebenden, Deutsche wie Ausländer, sind aufgerufen, sich engagiert zu beteiligen.

Wolfgang Zeitlmann, MdB/CSU, ist Rechtsanwalt und seit 1987 Mitglied der CSU-Landesgruppe der CDU/CSU-Fraktion im Deutschen Bundestag. Er ist innerpolitischer Sprecher der CSU-Landgruppe.

18. Anhang

Gesetz zur Reform des Staatsangehörigkeitsrechts

Der Bundestag hat mit Zustimmung des Bundesrates das folgende Gesetz beschlossen:

Artikel 1
Änderung des Reichs-und Staatsangehörigkeitsgesetzes

Das Reichs- und Staatsangehörigkeitsgesetz in der im Bundesgesetzblatt Teil III, Gliederungsnummer 102-1, veröffentlichten bereinigten Fassung, zuletzt geändert durch Artikel 2 des Gesetzes vom 16. Dezember 1997 (BGBl. I S. 2942), wird wie folgt geändert:

1. Die Überschrift wird wie folgt gefaßt:
   „Staatsangehörigkeitsgesetz (StAG)".
2. § 3 wird wie folgt geändert:
   a) Nummer 4 wird wie folgt gefaßt:
      „4. Durch Ausstellung der Bescheinigung gemäß § 15 Abs. 1 oder 2 des Bundesvertriebenengesetzes (§ 7),".
   b) Nach Nummer 4 wird folgende Nummer 4a eingefügt:
      „4a. durch Überleitung als Deutscher ohne deutsche Staatsangehörigkeit im Sinne des Arti-kels 116 Abs. 1 des Grundgesetzes (§ 40a),".
   c) In Nummer 5 wird nach der Angabe „16" die Angabe „und 40b" eingefügt.
3. Dem § 4 werden folgende Absätze 3 und 4 angefügt:

„(3) Durch die Geburt im Inland erwirbt ein Kind ausländischer Eltern die deutsche Staatsangehörigkeit, wenn ein Elternteil
1. seit acht Jahren rechtmäßig seinen gewöhnlichen Aufenthalt im Inland hat und
2. eine Aufenthaltsberechtigung oder seit drei Jahren eine unbefristete Aufenthaltserlaubnis besitzt.

Der Erwerb der deutschen Staatsangehörigkeit wird durch den für die Beurkundung der Geburt des Kindes zuständigen Standesbeamten eingetragen. Das Bundesministerium des Innern wird ermächtigt, mit Zustimmung des Bundesrates durch Rechtsverordnung Vorschriften über das Verfahren zur Eintragung des Erwerbs der Staatsangehörigkeit nach Satz 1 zu erlassen.

(4) Die deutsche Staatsangehörigkeit wird nicht nach Absatz 1 erworben bei Geburt im Ausland, wenn der deutsche Elternteil nach dem 31. Dezember 1999 im Ausland geboren wurde und dort seinen gewöhnlichen Aufenthalt hat, es sei denn, das Kind würde sonst staatenlos. Die Rechtsfolge nach Satz 1 tritt nicht ein, wenn der deutsche Elternteil die Geburt innerhalb eines Jahres der zuständigen Auslandsvertretung anzeigt. Sind beide Elternteile deutsche Staatsangehörige, so tritt die Rechtsfolge des Satzes 1 nur ein, wenn beide die dort genannten Voraussetzungen erfüllen."

4. § 7 wird wie folgt gefaßt:

„§ 7

Ein Deutscher im Sinne des Artikels 116 Abs. 1 des Grundgesetzes, der nicht die deutsche Staatsangehörigkeit besitzt, erwirbt mit der Ausstellung der Bescheinigung gemäß § 15 Abs. 1 oder 2 des Bundesvertriebenengesetzes die deutsche Staatsangehörigkeit. Der Erwerb

Anhang

der deutschen Staatsangehörigkeit erstreckt sich auf diejenigen Kinder, die ihre Deutscheneigenschaft von dem nach Satz 1 Begünstigten ableiten."
5. § 8 Abs. 1 Nr. 1 wird wie folgt gefaßt:
„1. Handlungsfähig nach Maßgabe von § 68 Abs. 1 des Ausländergesetzes oder gesetzlich vertreten ist,".
5a. In § 9 Abs. 1 Nr. 1 werden nach den Wörtern „verlieren oder aufgeben" die Wörter „oder ein Grund für die Hinnahme von Mehrstaatigkeit nach Maßgabe von § 87 des Ausländergesetzes vorliegt" eingefügt.
[5b.] Nach § 13 wird folgender § 14 eingefügt:

„*§ 14*

Ein Ausländer, der sich nicht im Inland niedergelassen hat, kann unter den sonstigen Voraussetzungen der §§ 8 und 9 eingebürgert werden, wenn Bindungen an Deutschland bestehen, die eine Einbürgerung rechtfertigen."
6. Dem § 17 werden folgende Nummern 5 und 6 angefügt:
„5. Durch Eintritt in die Streitkräfte oder einen vergleichbaren bewaffneten Verband eines ausländischen Staates (§ 28) oder
6. durch Erklärung (§ 29)."
7. § 25 wird wie folgt geändert:
a) In Absatz 1 werden die Wörter „, der im Inland weder seinen Wohnsitz noch seinen dauernden Aufenthalt hat," gestrichen.
b) Dem Absatz 2 werden folgende Sätze angefügt:
„Bei der Entscheidung über einen Antrag nach Satz 1 sind die öffentlichen und privaten Belange abzuwägen. Bei einem Antragsteller, der seinen gewöhnlichen Aufenthalt im Ausland hat, insbesondere zu berücksichtigen, ob

Anhang

er fortbestehende Bindungen an Deutschland glaubhaft machen kann."

8. Die §§ 28 und 29 werden wie folgt gefaßt:

„§ 28

Ein Deutscher, der auf Grund freiwilliger Verpflichtung ohne eine Zustimmung nach § 8 des Wehrpflichtgesetzes in die Streitkräfte oder einen vergleichbaren bewaffneten Verband eines ausländischen Staates, dessen Staatsangehörigkeit er besitzt, eintritt, verliert die deutsche Staatsangehörigkeit. Dies gilt nicht, wenn er auf Grund eines zwischenstaatlichen Vertrages dazu berechtigt ist.

§ 29

(1) Ein Deutscher, der nach dem 31. Dezember 1999 die Staatsangehörigkeit nach § 4 Abs. 3 oder durch Einbürgerung nach § 40b erworben hat und eine ausländische Staatsangehörigkeit besitzt, hat nach Erreichen der Volljährigkeit und nach Hinweis gemäß Absatz 5 zu erklären, ob er die deutsche oder die ausländische Staatsangehörigkeit behalten will. Die Erklärung bedarf der Schriftform.

(2) Erklärt der nach Absatz 1 Erklärungspflichtige, daß er die ausländische Staatsangehörigkeit behalten will, so geht die deutsche Staatsangehörigkeit mit dem Zugang der Erklärung bei der zuständigen Behörde verloren. Sie geht ferner verloren, wenn bis zur Vollendung des 23. Lebensjahres keine Erklärung abgegeben wird.

(3) Erklärt der nach Absatz 1 Erklärungspflichtige, daß er die deutsche Staatsangehörigkeit behalten will, so ist er verpflichtet, die Aufgabe oder den Verlust der ausländischen Staatsangehörigkeit nachzuweisen. Wird dieser Nachweis nicht bis zur Vollendung des 23. Lebensjahres geführt, so geht die deutsche Staatsangehörigkeit verlo-

ren, es sei denn, daß der Deutsche vorher auf Antrag die schriftliche Genehmigung der zuständigen Behörde zur Beibehaltung der deutschen Staatsangehörigkeit (Beibehaltungsgenehmigung) erhalten hat. Der Antrag auf Erteilung der Beibehaltungsgenehmigung kann, auch vorsorglich, nur bis zur Vollendung des 21. Lebensjahres gestellt werden (Ausschlußfrist). Der Verlust der deutschen Staatsangehörigkeit tritt erst ein, wenn der Antrag bestandskräftig abgelehnt wird. Einstweiliger Rechtsschutz nach § 123 der Verwaltungsgerichtsordnung bleibt unberührt.

(4) Die Beibehaltungsgenehmigung nach Absatz 3 ist zu erteilen, wenn die Aufgabe oder der Verlust der ausländischen Staatsangehörigkeit nicht möglich oder nicht zumutbar ist oder bei einer Einbürgerung nach Maßgabe von § 87 des Ausländergesetzes Mehrstaatigkeit hinzunehmen wäre oder hingenommen werden könnte.

(5) Die zuständige Behörde hat den nach Absatz 1 Erklärungspflichtigen auf seine Verpflichtungen und die nach den Absätzen 2 bis 4 möglichen Rechtsfolgen hinzuweisen. Der Hinweis ist zuzustellen. Die Zustellung hat unverzüglich nach Vollendung des 18. Lebensjahres des nach Absatz 1 Erklärungspflichtigen zu erfolgen. Die Vorschriften des Verwaltungszustellungsgesetzes finden Anwendung.

(6) Der Fortbestand oder Verlust der deutschen Staatsangehörigkeit nach dieser Vorschrift wird von Amts wegen festgestellt. Das Bundesministerium des Innern kann durch Rechtsverordnung mit Zustimmung des Bundesrates Vorschriften über das Verfahren zur Feststellung des Fortbestands oder Verlusts der deutschen Staatsangehörigkeit erlassen."

9. Die §§ 36 und 37 werden wie folgt gefaßt:

Anhang

„§ 36

(1) Über die Einbürgerungen werden jährliche Erhebungen, jeweils für das vorausgegangene Kalenderjahr, beginnend 2000, als Bundesstatistik durchgeführt.

(2) Die Erhebungen erfassen für jede eingebürgerte Person folgende Erhebungsmerkmale:
1. Geburtsjahr,
2. Geschlecht,
3. Familienstand,
4. Wohnort zum Zeitpunkt der Einbürgerung,
5. Aufenthaltsdauer im Bundesgebiet nach Jahren,
6. Rechtsgrundlage der Einbürgerung,
7. bisherige Staatsangehörigkeiten und
8. Fortbestand der bisherigen Staatsangehörigkeiten.

(3) Hilfsmerkmale der Erhebungen sind:
1. Bezeichnung und Anschrift der nach Absatz 4 Auskunftspflichtigen,
2. Name und Telekommunikationsnummern der für Rückfragen zur Verfügung stehenden Person und
3. Registriernummern der eingebürgerten Person bei der Einbürgerungsbehörde.

(4) Für die Erhebungen besteht Auskunftspflicht. Auskunftspflichtig sind die Einbürgerungsbehörden. Die Einbürgerungsbehörden haben die Auskünfte den zuständigen statistischen Ämtern der Länder jeweils zum 1. März zu erteilen. Die Angaben zu Absatz 3 Nr. 2 sind freiwillig.

(5) An die fachlich zuständigen obersten Bundes- und Landesbehörden dürfen für die Verwendung gegenüber den gesetzgebenden Körperschaften und für Zwecke der Planung, nicht jedoch für die Regelung von Einzelfällen, vom Statistischen Bundesamt und den statistischen

Ämtern der Länder Tabellen mit statistischen Ergebnissen übermittelt werden, auch soweit Tabellenfelder nur einen einzigen Fall ausweisen.

§ 37

§ 68 Abs. 1 und 3, § 70 Abs. 1, 2 und 4 Satz 1 des Ausländergesetzes gelten entsprechend."

10. In § 39 werden nach den Wörtern „allgemeine Verwaltungsvorschriften" die Wörter „über die Ausführung dieses Gesetzes und anderer Gesetze, soweit sie staatsangehörigkeitsrechtliche Regelungen enthalten," eingefügt.
11. Nach § 40 werden folgende §§ 40a und 40b eingefügt:

„§ 40a

Wer am ... [einsetzen: Datum des Inkrafttretens dieses Gesetzes nach Artikel 5 Abs. 2] Deutscher im Sinne des Artikels 116 Abs. 1 des Grundgesetzes ist, ohne die deutsche Staatsangehörigkeit zu besitzen, erwirbt an diesem Tag die deutsche Staatsangehörigkeit. Für einen Spätaussiedler, seinen nichtdeutschen Ehegatten und seine Abkömmlinge im Sinne von § 4 des Bundesvertriebenengesetzes gilt dies nur dann, wenn ihnen vor diesem Zeitpunkt eine Bescheinigung gemäß § 15 Abs. 1 oder 2 des Bundesvertriebenengesetzes erteilt worden ist.

§ 40b

Ein Ausländer, der am 1. Januar 2000 rechtmäßig seinen gewöhnlichen Aufenthalt im Inland und das zehnte Lebensjahr noch nicht vollendet hat, ist auf Antrag einzubürgern, wenn bei seiner Geburt die Voraussetzungen des § 4 Abs. 3 Satz 1 vorgelegen haben und weiter vorliegen. Der Antrag kann bis zum 31. Dezember 2000 gestellt werden."

Anhang

Artikel 2
Änderung des Ausländergesetzes

Das Ausländergesetz vom 9. Juli 1990 (BGBl. I S. 1354, 1356), zuletzt geändert durch Artikel 14 des Gesetzes vom 16. Dezember 1997 (BGBl. I S. 2970), wird wie folgt geändert:

1. Die §§ 85 bis 87 werden wie folgt gefaßt:

„*§ 85*

Einbürgerungsanspruch für Ausländer mit längerem Aufenthalt; Miteinbürgerung ausländischer Ehegatten und minderjähriger Kinder

(1) Ein Ausländer, der seit acht Jahren rechtmäßig seinen gewöhnlichen Aufenthalt im Inland hat, ist auf Antrag einzubürgern, wenn er

1. sich zur freiheitlichen demokratischen Grundordnung des Grundgesetzes für die Bundesrepublik Deutschland bekennt und erklärt, daß er keine Bestrebungen verfolgt oder unterstützt oder verfolgt oder unterstützt hat, die gegen die freiheitliche demokratische Grundordnung, den Bestand oder die Sicherheit des Bundes oder eines Landes gerichtet sind oder eine ungesetzliche Beeinträchtigung der Amtsführung der Verfassungsorgane des Bundes oder eines Landes oder ihrer Mitglieder zum Ziele haben oder die durch Anwendung von Gewalt oder darauf gerichtete Vorbereitungshandlungen auswärtige Belange der Bundesrepublik Deutschland gefährden, oder glaubhaft macht, daß er sich von der früheren Verfolgung oder Unterstützung derartiger Bestrebungen abgewandt hat,

Anhang

2. eine Aufenthaltserlaubnis oder eine Aufenthaltsberechtigung besitzt,
3. den Lebensunterhalt für sich und seine unterhaltsberechtigten Familienangehörigen ohne Inanspruchnahme von Sozial- oder Arbeitslosenhilfe bestreiten kann,
4. seine bisherige Staatsangehörigkeit aufgibt oder verliert und
5. nicht wegen einer Straftat verurteilt worden ist.

Von der in Satz 1 Nr. 3 bezeichneten Voraussetzung wird abgesehen, wenn der Ausländer aus einem von ihm nicht zu vertretenden Grunde den Lebensunterhalt nicht ohne Inanspruchnahme von Sozial- oder Arbeitslosenhilfe bestreiten kann.

(2) Der Ehegatte und die minderjährigen Kinder des Ausländers können nach Maßgabe des Absatzes 1 mit eingebürgert werden, auch wenn sie sich noch nicht seit acht Jahren rechtmäßig im Inland aufhalten. Absatz 1 Satz 1 Nr. 1 findet keine Anwendung, wenn ein minderjähriges Kind im Zeitpunkt der Einbürgerung das 16. Lebensjahr noch nicht vollendet hat.

(3) Bei einem Ausländer, der das 23. Lebensjahr noch nicht vollendet hat, ist Absatz 1 Satz 1 Nr. 3 nicht anzuwenden.

§ 86
Ausschlußgründe

Ein Anspruch auf Einbürgerung nach § 85 besteht nicht, wenn
1. der Einbürgerungsbewerber nicht über ausreichende Kenntnisse der deutschen Sprache verfügt
2. tatsächliche Anhaltspunkte die Annahme rechtfertigen, daß der Einbürgerungsbewerber Be-

strebungen verfolgt oder unterstützt oder verfolgt oder unterstützt hat, die gegen die freiheitliche demokratische Grundordnung, den Bestand oder die Sicherheit des Bundes oder eines Landes gerichtet sind oder eine ungesetzliche Beeinträchtigung der Amtsführung der Verfassungsorgane des Bundes oder eines Landes oder ihrer Mitglieder zum Ziele haben oder die durch Anwendung von Gewalt oder darauf gerichtete Vorbereitungshandlungen auswärtige Belange der Bundesrepublik Deutschland gefährden, es sei denn, der Einbürgerungsbewerber macht glaubhaft, daß er sich von der früheren Verfolgung oder Unterstützung derartiger Bestrebungen abgewandt hat, oder
3. ein Ausweisungsgrund nach § 46 Nr. 1 vorliegt.

§ 87
Einbürgerung unter Hinnahme von Mehrstaatigkeit

(1) Von der Voraussetzung des § 85 Abs. 1 Satz 1 Nr. 4 wird abgesehen, wenn der Ausländer seine bisherige Staatsangehörigkeit nicht oder nur unter besonders schwierigen Bedingungen aufgeben kann. Das ist anzunehmen, wenn
1. das Recht des ausländischen Staates das Ausscheiden aus dessen Staatsangehörigkeit nicht vorsieht,
2. der ausländische Staat die Entlassung regelmäßig verweigert und der Ausländer der zuständigen Behörde einen Entlassungsantrag zur Weiterleitung an den ausländischen Staat übergeben hat,
3. der ausländische Staat die Entlassung aus der Staatsangehörigkeit aus Gründen versagt hat,

Anhang

die der Ausländer nicht zu vertreten hat, oder von unzumutbaren Bedingungen abhängig macht oder über den vollständigen und formgerechten Entlassungsantrag nicht in angemessener Zeit entschieden hat,

4. der Einbürgerung älterer Personen ausschließlich das Hindernis eintretender Mehrstaatigkeit entgegensteht, die Entlassung auf unverhältnismäßige Schwierigkeiten stößt und die Versagung der Einbürgerung eine besondere Härte darstellen würde,

5. dem Ausländer bei Aufgabe der ausländischen Staatsangehörigkeit erhebliche Nachteile insbesondere wirtschaftlicher oder vermögensrechtlicher Art entstehen würden, die über den Verlust der staatsbürgerlichen Rechte hinausgehen, oder

6. der Ausländer politisch Verfolgter im Sinne von § 51 ist oder wie ein Flüchtling nach dem Gesetz über Maßnahmen für im Rahmen humanitärer Hilfsaktionen aufgenommene Flüchtlinge behandelt wird.

(2) Von der Voraussetzung des § 85 Abs. 1 Satz 1 Nr. 4 wird ferner abgesehen, wenn der Ausländer die Staatsangehörigkeit eines anderen Mitgliedstaates der Europäischen Union besitzt und Gegenseitigkeit besteht.

(3) Von der Voraussetzung des § 85 Abs. 1 Satz 1 Nr. 4 kann abgesehen werden, wenn der ausländische Staat die Entlassung aus der bisherigen Staatsangehörigkeit von der Leistung des Wehrdienstes abhängig macht und der Ausländer den überwiegenden Teil seiner Schulausbildung in deutschen Schulen erhalten hat und im Bundesgebiet in deutsche Lebensverhältnisse und in das wehrpflichtige Alter hineingewachsen ist.

Anhang

(4) Weitere Ausnahmen von der Voraussetzung des § 85 Abs. 1 Satz 1 Nr. 4 können nach Maßgabe völkerrechtlicher Verträge vorgesehen werden.

(5) Erfordert die Entlassung aus der ausländischen Staatsangehörigkeit die Volljährigkeit des Ausländers und liegen die Voraussetzungen der Absätze 1 bis 4 im übrigen nicht vor, so erhält ein Ausländer, der nach dem Recht seines Heimatstaates noch minderjährig ist, abweichend von Absatz 1 Satz 2 Nr. 1 eine Einbürgerungszusicherung."

1a. In § 88 Abs. 1 Satz 1 wird die Angabe „§ 85 Nr. 4 und § 86 Abs. 1 Nr. 2" durch die Angabe „§ 85 Abs. 1 Satz 1Nr. 5" ersetzt.

2. Die §§ 90 und 91 werden wie folgt gefaßt:

„*§ 90*
Einbürgerungsgebühr

Die Gebühr für die Einbürgerung nach diesem Gesetz beträgt 500 Deutsche Mark. Sie ermäßigt sich für ein minderjähriges Kind, das miteingebürgert wird und keine eigenen Einkünfte im Sinne des Einkommensteuergesetzes hat, auf 100 Deutsche Mark. Von der Gebühr kann aus Gründen der Billigkeit oder des öffentlichen Interesses Gebührenermäßigung oder -befreiung gewährt werden.

§ 91
Verfahrensvorschriften

Für das Verfahren bei der Einbürgerung gelten § 68 Abs. 1 und 3, § 70 Abs. 1, 2 und 4 Satz 1 entsprechend. Im übrigen gelten für das Verfahren bei der Einbürgerung einschließlich der Bestimmung der örtlichen Zuständigkeit die Vorschriften des Staatsangehörigkeitsrechts."

3. Nach § 102 wird folgender § 102a eingefügt:

Anhang

„§ 102a
Übergangsregelung für Einbürgerungsbewerber

Auf Einbürgerungsanträge, die bis zum 16. März 1999 gestellt worden sind, finden die §§ 85 bis 91 in der vor dem 1. Januar 2000 geltenden Fassung mit der Maßgabe Anwendung, daß sich die Hinnahme von Mehrstaatigkeit nach § 87 beurteilt."

Artikel 3
Folgeänderungen anderer Gesetze

§ 1
Änderung des Gesetzes zur Regelung von Fragen der Staatsangehörigkeit

Das Gesetz zur Regelung von Fragen der Staatsangehörigkeit in der im Bundesgesetzblatt Teil III, Gliederungsnummer 102-5, veröffentlichten bereinigten Fassung, zuletzt geändert durch Artikel 14 § 1 des Gesetzes vom 16. Dezember 1997 (BGBl. I S. 2942), wird wie folgt geändert:

1. Der Zweite Abschnitt wird aufgehoben.
2. In § 9 Abs. 1 Satz 2, § 24 Abs. 1 und § 27 werden jeweils die Wörter „Reichs- und" gestrichen.
3. § 17 Abs. 2 und 3 wird wie folgt gefaßt:
   „(2) Hat der Erklärende oder der Antragsteller seinen dauernden Aufenthalt außerhalb des Geltungsbereichs dieses Gesetzes, so ist das Bundesverwaltungsamt zuständig.
   (3) Ändert sich im Lauf des Verfahrens der die Zuständigkeit begründende dauernde Aufenthalt des Betroffenen, so kann die bisher zuständige Behörde das Verfahren fortführen, wenn der Betroffene einverstanden ist und die nunmehr zuständige Behörde zustimmt."

Anhang

§ 2
Änderung des Gesetzes zu dem Übereinkommen vom 6. Mai 1963 über die Verringerung der Mehrstaatigkeit und über die Wehrpflicht von Mehrstaatern

In Artikel 2 Abs. 1 des Gesetzes zu dem Übereinkommen vom 6. Mai 1963 über die Verringerung der Mehrstaatigkeit und über die Wehrpflicht von Mehrstaatern vom 29. September 1969 (BGBl. II S. 1953), geändert durch Artikel 2 des Gesetzes vom 20. Dezember 1974 (BGBl. I S. 3714), werden die Wörter „Reichs- und" gestrichen.

§ 3
Änderung des Gesetzes zur Änderung des Reichs- und Staatsangehörigkeitsgesetzes vom 20. Dezember 1974

In Artikel 3 Abs. 3 Satz 3 des Gesetzes zur Änderung des Reichs- und Staatsangehörigkeitsgesetzes vom 20. Dezember 1974 (BGBl. I S. 3714) werden die Wörter „Reichs- und" gestrichen.

§ 4
Änderung des Gesetzes zur Verminderung der Staatenlosigkeit

Artikel 2 Satz 2 des Ausführungsgesetzes zu dem Übereinkommen vom 30. August 1961 zur Verminderung der Staatenlosigkeit und zu dem Übereinkommen vom 13. September 1973 zur Verringerung der Fälle von Staatenlosigkeit (Gesetz zur Verminderung der Staatenlosigkeit) vom 29. Juni 1977 (BGBl. I S. 1101) wird wie folgt gefaßt:

„Für das Verfahren bei der Einbürgerung einschließlich der Bestimmung der örtlichen Zuständigkeit gelten die Vorschriften des Staatsangehörigkeitsrechts."

Anhang

§ 5
Änderung des Gesetzes über die Errichtung des Bundesverwaltungsamtes

In § 5 Abs. 1 des Gesetzes über die Errichtung des Bundesverwaltungsamtes in der im Bundesgesetzblatt Teil III, Gliederungsnummer 200-2, veröffentlichten bereinigten Fassung, das zuletzt durch § 43 des Gesetzes vom 2. September 1994 (BGBl. I S. 2265) geändert worden ist, wird die Angabe „§ 17 Abs. 3" durch die Angabe „§ 17 Abs. 2" ersetzt.

§ 6
Änderung des Gesetzes über Personalausweise

Das Gesetz über Personalausweise in der Fassung der Bekanntmachung vom 21. April 1986 (BGBl. I S. 548), geändert durch Artikel 1 des Gesetzes vom 30. Juli 1996 (BGBl. I S. 1182), wird wie folgt geändert:

1. Nach § 2 Abs. 1 wird folgender Absatz 1a eingefügt:
   „(1a) Die Gültigkeitsdauer eines Personalausweises darf in den Fällen des § 29 des Staatsangehörigkeitsgesetzes den Zeitpunkt der Vollendung des 23. Lebensjahres des Inhabers solange nicht überschreiten, bis die zuständige Behörde den Fortbestand der deutschen Staatsangehörigkeit festgestellt hat."
2. § 2a Abs. 1 Satz 2 wird wie folgt geändert:
   a) Der Punkt am Ende der Nummer 4 wird durch ein Komma ersetzt.
   b) Es wird folgende Nummer 5 angefügt:
      „5. Angaben zur Erklärungspflicht des Ausweisinhabers nach § 29 des Staatsangehörigkeitsgesetzes."

Anhang

§ 7
Änderung des Melderechtsrahmengesetzes

Das Melderechtsrahmengesetz in der Fassung der Bekanntmachung vom 24. Juni 1994 (BGBl. I S. 1430), geändert durch Artikel 3 Abs. 1 des Gesetzes vom 12. Juli 1994 (BGBl. I S. 1497), wird wie folgt geändert:

1. § 2 Abs. 2 Nr. 3 wird wie folgt gefaßt: „3. Die Tatsache, daß
    a) Paßversagungsgründe vorliegen, ein Paß versagt oder entzogen oder eine Anordnung nach § 2 Abs. 2 des Gesetzes über Personalausweise getroffen worden ist,
    b) nach § 29 des Staatsangehörigkeitsgesetzes ein Verlust der deutschen Staatsangehörigkeit eintreten kann."
2. § 23 wird wie folgt gefaßt:

„§ 23
Anpassung der Landesgesetzgebung; unmittelbare Geltung

(1) Die Länder haben ihr Melderecht den Vorschriften dieses Gesetzes innerhalb von zwei Jahren nach dem Inkrafttreten dieses Gesetzes anzupassen.

(2) § 2 Abs. 2 Nr. 3 Buchstabe b gilt bis zur Anpassung des Melderechts der Länder unmittelbar."

Anhang

§ 8
Änderung des Paßgesetzes

Das Paßgesetz vom 19. April 1986 (BGBl. I S. 537), zuletzt geändert durch Artikel 2 des Gesetzes vom 30. Juli 1996 (BGBl. I S. 1182), wird wie folgt geändert:

1. Nach § 5 Abs. 1 wird folgender Absatz 1a eingefügt:

    „(1a) Die Gültigkeitsdauer eines Passes darf in den Fällen des § 29 des Staatsangehörigkeitsgesetzes den Zeitpunkt der Vollendung des 23. Lebensjahres des Inhabers solange nicht überschreiten, bis die zuständige Behörde den Fortbestand der deutschen Staatsangehörigkeit festgestellt hat."

2. § 21 Abs. 2 wird wie folgt geändert:
    a) Der Punkt am Ende der Nummer 15 wird durch ein Komma ersetzt.
    b) Es wird folgende Nummer 16 angefügt:

        „16. Angaben zur Erklärungspflicht des Ausweisinhabers nach § 29 des Staatsangehörigkeitsgesetzes."

§ 9
Änderung des Personenstandsgesetzes

§ 70 Nr. 5 des Personenstandsgesetzes in der im Bundesgesetzblatt Teil III, Gliederungsnummer 211-1, veröffentlichten bereinigten Fassung, das zuletzt durch Artikel 2 des Gesetzes vom 4. Mai 1998 (BGBl. I S. 833) geändert worden ist, wird wie folgt gefaßt:

„5. Die Eintragung der Staatsangehörigkeit in die Personenstandsbücher,".

Anhang

§ 10
Änderung des Bundesvertriebenengesetzes

§ 4 Abs. 3 Satz 3 des Bundesvertriebenengesetzes in der Fassung der Bekanntmachung vom 2. Juni 1993 (BGBl. I S. 829), das durch Artikel 30 des Gesetzes vom 24. März 1997 (BGBl. I S. 594) geändert worden ist, wird aufgehoben.

Artikel 4
Außerkrafttreten bisherigen Rechts

Mit dem Inkrafttreten dieses Gesetzes treten außer Kraft:
1. die Verordnung über die deutsche Staatsangehörigkeit in der im Bundesgesetzblatt Teil III, Gliederungsnummer 102-2, veröffentlichten bereinigten Fassung;
2. die Verordnung zur Regelung von Staatsangehörigkeitsfragen in der im Bundesgesetzblatt Teil III, Gliederungsnummer 102-4, veröffentlichten bereinigten Fassung.

Artikel 5
Inkrafttreten

(1) Am Tage nach der Verkündung treten in Kraft:
Artikel 1 Nr. 3 hinsichtlich § 4 Abs. 3 Satz 3 des Reichs-und Staatsangehörigkeitsgesetzes, Artikel 1 Nr. 10 und Artikel 3 § 9.

(3) Am ... [einsetzen: Datum des ersten Tages des auf die Verkündung folgenden Kalendermonats] treten in Kraft:
1. Artikel 1 Nr. 2 Buchstabe a und b, Nr. 4, Artikel 3 § 1 Nr. 1 und
2. Artikel 1 Nr. 11 hinsichtlich § 40a des Reichs- und Staatsangehörigkeitsgesetzes.

(3) Im übrigen tritt dieses Gesetz am 1. Januar 2000 in Kraft.